KB194103

· 나를 찾아가는 길 · 이 뭣고

나를 찾아가는 길 ● **이뭣고**

日出東天紅
일출동천홍

日洛西天紅
일락서천홍

一口吞東西
일구탄동서

心紅自照三天
심홍자조삼천

아침 해 동쪽 하늘에 붉게 뜨고

저녁 해 서쪽에 붉게 지는데

한 입에 동서를 삼켜 버리니

원각圓覺의 붉은 지혜 광명이
스스로 삼천대천세계를 비추고 있네. 억!

경오년 칠월 청운

머리말

 부처님께서 생사고에서 벗어나지 못하고 있는 중생들을 제도하시기 위해 8만4천 법문을 설설說하셨고, 달마 스님께서 마음을 가르쳐 부처를 이루는 '직지인심 견성성불'로 공심空心을 가지고 동토에 오신 지 오랜 세월이 흘렀으나, 아직 번뇌망상煩惱妄想을 주인 삼아 중생계를 벗어나지 못하고 있다.

 진여불성인 본지풍광本地風光이란, 모든 번뇌가 사라진 고요한 성품인 자신의 본성本性에서 자연히 흘러넘치는 온갖 지혜 작용이다. 이는 사량분별 같은 식정識情으로는 알 수 없는 것이다.

 간화선 이뭣고는 생활 속에서 누구나 반야지혜의 광명을 그대로 살려 쓰는 방법을 제시한다. 업장 소멸을 통하여 금생 성불을 이루게 하는 처방약인 것이다.

 은사恩師이신 도천당道川堂 도천 대선사(1910-2011)께서 주신 이뭣고 화두를 탐구하여 제가불자를 위해 전법傳法한 지도 30여년이 되었다.

 이번에 출간되는 먹구름 속에 묻혀 있는 나를 찾아가는 길— 이뭣고는 지금까지의 실참수행과 전법 과정을 바탕으로 구성하였다. 재가불자가 생활 속에서 쉽고 체계적으로 이뭣고와 함께하는 참선전집參禪全集이 되기를 희망할 뿐이다.

임인년 성하盛夏
사단법인 음관수월선원
선원장 청운 합장

차 례

첫째 마당 ● 깨달음의 길

둘째 마당 ● 우리 모두가 본래불本來佛이다

셋째 마당 ● 화두선의 맛

넷째 마당 ● 밖에서 찾지 마라

다섯째 마당 ● 깨친 인연들

첫째 마당

깨달음의 길

답 없는 답을 찾아가는 유일한 길이 **이뭣고**이다.

신심信心

우리의 성품인 묘각妙覺은 의식意識의 먹구름 속에 가려 있다. 이 심층에 있는 보리자성菩提自性과 합일合一 되게 하여 생활 속에서 반야지혜를 살려 쓰는 주장자가 바로 **이뭣고**이다. 그리고 이러한 수행이야말로 참수행이라 할 수 있다.

대혜종고(大慧宗杲, 1089-1163) 스님은 "부처님 말씀에 믿음이 있으면 번뇌를 영원히 없앨 수 있고, 경계에 집착함이 없고, 모든 어려움에서 벗어나 수월함을 얻는다. 번뇌는 뿌리가 있어서 제 스스로 자라나는 게 아니고, 마음에 의해서 일어난 조작일 따름이다. 믿음이 있으면 온갖 마귀의 길에서 벗어나, 위없는 해탈의 길에 들 수 있다."고 하였다.

온갖 어려움이란, 결정적으로 믿음이 없기 때문에 자기의 음마[陰魔, 마구니]에게 휘둘리는 것이다. 마음 밖에서 헛되이 여러 차별의 견해를 일으키면, 그 마음은 곧 차별된 허망한 생각을 따라 흘러가게 되어 마구니의 경계가 되고 만다. 그러나 마음에 일이 없고, 일에 마음이 없기만 하면, 없으면서도 신령스럽고, 비어 있으면서도 묘妙한 경계를 이룬다.

믿음이란 내가 본래불本來佛임을 굳게 세워 결정코 흔들림이 없는 것이다. 생사윤회의 굴레에서 벗어나는 금생성불의 원력을 세워 초지일관 간절한 마음으로 수행하는 그것이 바른 신심이다. 믿음은 이제까지 내 안의 마구니의 끄달림에서 벗어나 떳떳한 대장부로서의 삶을 살게 하는 원동력이다.

대장부병보검大丈夫秉寶劍 여격석화섬전광如擊石火閃電光이라.
"대장부가 지혜보검智慧寶劍을 잡고 돌을 치니, 불꽃이 튀고 번개가 일어 온 천지에 광명光明이 가득하여라."

그럼에도 어찌하여 반야지혜인 이뭣고를 쓰지 못하고 잠재우고 있는가?

금생성불今生成佛의 원력願力

삼계유여급정륜三界有餘及井輪
백천만겁역미진百千萬劫歷微塵
차신불향금생도此身不向今生度
갱대하생도차신更待何生度此身이라.
"삼계를 오르고 내림이 마치 우물의 두레박이 백천만 겁을 오르고 내림 같아 끝이 없는데" 인신난득人身難得 불법난봉佛法難逢이라. 사람 몸 받기 어렵고, 불법 만나기란 더욱 어렵다고 하는 데, "이 몸을 받았을 때 생사해탈을 못 이루면 언제 다시 인간 몸을 받아 제도하겠는가?"

잡아함경에서는 부처님께서 맹구우목盲龜遇木과 조갑상토爪甲上土의 비유를 들어서 인신난득人身難得을 가르치고 있다.

맹구우목이란 '눈 먼 거북이가 나무판자를 만난다'는 뜻이다. 부처님은 '인간이 죽은 후 다시 태어날 때 인간의 몸을 받을 확률'을, 수명이 무량겁인 눈먼 거북이가 바다 밑을 헤엄치다가 숨을 쉬기 위해서 100년에 한 번씩 물 위로 올라오는 데 우연히 그곳을 떠다니는 구멍 뚫린 나무판자에 목이 낄 확률보다 더 적다고 하셨다.

조갑상토란 '손톱 위의 흙'이란 뜻이다. 하루는 부처님께서 손톱 위에 흙을 올려놓고서 그 흙과 대지의 흙 가운데 어떤 것이 더 많은지, 비구들에게 물으셨다. 너무나 당연한 대답이겠지만 비구들은 대지의 흙이 훨씬 많다고 아뢰었다. 그러자 부처님께서 말씀하셨다.

"사람으로 살다가 인간계나 하늘나라에 태어나는 자는 손톱 위의 흙과 같이 적고, 아귀나 축생, 지옥 등으로 태어나는 자는 대지의 흙과 같이 많다."

그냥 한 번 듣고 넘기기에는 너무나 무서운 말이다.

이토록 어렵게 인간 몸을 받았는데 어디로 가는지도 모르고 자기의 생명을 죽음에 맡기고 허둥대며 이 소중한 하루를 보내야 하겠는가? 중국 수 · 당 시대의 선도(善導, 613-681) 스님은 아래와 같은 시를 남겼다.

인간총총영중무人間忽忽營衆務
불각연명일야거不覺年命日夜去
여등풍중멸난기如燈風中滅難期
망망육도무정취忙忙六道無定趣라.

"인간은 바쁘게 일에 끄달려 목숨이 줄어드는 것을 알지 못하네. 바람 앞 등불처럼 위태하건만 육도에 바빠 정처가 없네."

나름대로 소중한 목표의식과 숭고한 가치관을 가지고 희망차게 하루하루를 살 일이다. 물에 빠진 사람이 지푸라기라도 잡는 심정으로, 하면 된다는 긍정적인 신념과 피나는 노력으로 쉬지 않고 가노라면 어떤 분야에서든 기적의 성취를 이루는 그날은 반드시 오고야 만다.

깨달음이란 무엇인가?

선문답禪問答이란 언하言下에 대오大悟하는 것이다.
예를 들어 커다란 집이 한 채 있다면 집 전체를 단박에 아는 것이다. 이와 달리 이 집은 누가 설계했고, 재료가 무엇이고, 구조는 어떻고 등등을 설명을 통해 알아차리는 것은 교학적敎學的이라 한다.
부처님은 집을 이해하는 방법으로 중생의 근기에 맞춰서 중도中道 연기緣起에 입각한 8만4천 법문을 설했다. 중도中道

를 설하신 뜻은 "내가 누구인가?"를 깨치게 하기 위한 것이었다. '나'는 우주 속에 인연因緣 연기緣起로 생성, 소멸하는 존재이자, 진성眞性인 '나'는 우주 전체임과 동시에 주인공이라는 것이다. 연기緣起란 우주의 모든 만물이 인드라망처럼 서로 연결되어 있기 때문에 독립된 존재가 있을 수 없다는 불교의 진리를 말한다. '이것이 있으므로 저것이 있다.' 즉, 차유고피유此有故彼有인 것이다.

원각경圓覺經은 다음과 같이 말한다.

"선남자여, 모든 여래如來의 묘妙하고 두루한 깨달음의 마음은 본래 보리菩提와 더불어 열반涅槃이 없느니라. 하물며 어찌 사유思惟하는 마음으로 여래의 두루한 깨달음의 경계를 능히 헤아릴 수 있겠느냐? 그런 고로 일체一切의 모든 보살과 말세末世의 중생들은 먼저 무시이래의 윤회의 근본根本을 끊어야 하느니라."

깨달음이란 직지인심直指人心이니, 바로 사람의 마음을 가리켜 곧바로 깨쳐서 견성[頓悟]하는 것을 근본으로 한다. 이뭣고가 생사윤회의 굴레에서 벗어나 성불로 가는 가장 빠르고 유일한 길이라고 하는 것도 이 때문이다.

그러나 알음알이로 파고 들어가면 육진 경계에 다 걸린다. 진정한 구경각은 업장 소멸이 되어 제8식이 텅 빈 상태를 말한다. 그 답 없는 답을 찾아가는 유일한 길이 이뭣고이다

깨달음의 길

법화경法華經 여래수량품如來壽量品에서 이르시길,

자아득래불 소경제겁수自我得佛來 所經諸劫數
무량백천만억 아승지無量百千萬億 阿僧祇라.
"내가 부처가 된 이후로 지내온 많은 세월은 한량없는 백
천만억 겁 아승지로다."

이 말씀은 내가 성불한 뒤로 얼마만큼 세월이 경과했느냐
하면 숫자로는 형용할 수 없는 한없이 많은 세월이 경과했다
는 뜻이다. 그래서 석가모니 부처님이 공겁초空劫初에 깨치신
이름을 위음나반인威音那畔人이라 부른다.
부처님은 또 말씀하신다.

위도중생고 방편현열반爲度衆生故 方便現涅槃
이실불멸도 상주차설법而實不滅度 常住此說法이라.
"중생을 제도하기 위하여 방편으로 열반을 나타내지만, 실
제는 내가 죽지 않고 항상 여기서 설법한다."

부처님은 아승지겁 전부터 성불했으며 중생을 제도하기 위
하여 방편으로 열반을 보인 것일 뿐, 미래겁이 다하도록 절
대로 멸하지 않고 온 시방법계에 두루 계시면서 항상 설법을

한다는 말씀이다. 더 나아가 누구나 바르게 깨치면 본래 자기가 무량아승지겁부터 성불했다는 것을 알게 되며, 온 시방법계가 불국토 아닌 곳이 없고 정토 아닌 곳이 없다는 것을 알게 된다는 것이다. 여기에서 깨쳤다는 것은 중생이 변하여 부처가 된 것이 아니라, 중생이 본래 부처라는 것을 깨쳤다는 말이다.

삼처전심三處傳心

염화시중拈花示衆의 미소微笑 ─ 부처님께서 45년간 8만4천의 법문을 하시다가 열반에 드실 즈음이었다. 하루는 법을 설하기 위해 영산회상靈山會上에 좌정해 계시는데, 제석천왕이 부처님께 우담바라 꽃을 천상에서 날리니, 부처님께서 그 꽃을 들어 보이셨다. 이때 대중 가운데에서 마하가섭만이 부처님 마음을 그대로 받고 미소微笑를 짓자 부처님께서 말씀하셨다.

"내가 정법正法을 깨달은 안목眼目과 열반涅槃을 체득體得한 마음은 형상形相이 없고 미묘微妙하며 진실眞實하고 영원永遠하다. 이 정법안장正法安藏 열반묘심涅槃妙心 미묘법문微妙法門을 마하가섭에게 부촉하노라."

교외별전敎外別傳 불립문자不立文字 언어도단言語道斷 심행처멸心行處滅로 분별심分別心을 끊고 마음에서 마음으로 중도법문中道法門을 전하신 것이다.

심행처멸은 '말 길'이 끊어진 자리에서 나타나는 반야般若를 체득體得하는 것을 말하며, 불립문자는 마음 밖 육진경계로부터 내 안의 자성불自性佛로 회향回向하는 것을 말한다. 중생들은 필연적으로 색성色聲을 쫓아 경계에 끌려가는 꿈[夢]의 세계에 살고 있다. 그러나 참 성품은 무심無心하여 들어도 매달아 놓지 않고 여여한 본래 그대로이다. 바깥 색성色聲을 일도양단해서 잘라 버리는 것이 불립문자不立文字이고 보는 것, 듣는 것. 생각하는 것 모두를 막으니 은산철벽銀山鐵壁이다.

다자탑전반분좌多子搭前半分座 ─ 부처님께서 다자탑 앞에서 법을 설하실 때였다. 모든 대중이 법문을 듣기 위해 좌정하고 있는데 두타행을 하던 가섭존자가 맨 나중에 법석에 들어왔으나 자리가 없었다. 부처님께서 이것을 보시고 자리를 반쯤 비켜 앉으시니 가섭존자가 그 뜻을 알고 그 자리에 부처님과 같이 앉았다. 그러자 부처님께서는 가섭존자와 가사를 같이 두르고 앉아 계시는 모습을 보이셨다.

심불급중생心佛及衆生 시삼무차별是三無差別이라. "마음과 부처와 중생이 다 같이 평등하다."는 진리의 경지를 보이신 것이다.

곽시쌍부郭示雙趺 — 부처님께서 열반에 드실 즈음이었다. 수십 리를 걸었으나 목적지에 도달하지 못하고 사라쌍수(두 그루의 사라 나무) 앞에 이르러 발길을 멈추셨다.

"여기에서 열반에 들겠으니 가사를 네 겹으로 깔아다오."

부처님께서 열반에 드실 준비를 하자 모든 대중들이 몹시 슬퍼했다.

"슬퍼하지 마라. 진리에 의지해서 닦고 닦으면 모두 적멸의 불국토에 편안히 안주하리라."

부처님께서 옆으로 누워 열반에 드시니 국왕이 칠촌 두께의 금관에 모셨다.

이때 가섭존자는 먼 지역에서 교화를 하다가 부처님의 열반 소식을 듣고 7일 만에 당도했다. 존자는 합장하고 관을 세 바퀴 돌고는, "항상 모든 대중에게 생사生死가 본래 없다고 하셨는데 왜 이렇게 열반에 드셨습니까?" 하였다. 그러자 부처님께서 관 밖으로 두 발을 내밀어 보이셨고, 가섭존자가 합장 예배를 올리자 발을 안으로 거두셨다.

생사일여生死一如의 묘법실상妙法實相을 보이신 것이다.

불자들은 위 법문法問을 바로 보고 바로 알아야 한다. 그래야 부처님의 깨달은 세계를 수용할 수 있다.

선정禪定과 육도만행六度滿行

이처럼 교외별전敎外別傳이란 불교에서 가장 중요한 것이다.

이 말의 밀의密意는 편지 같은 글로는 도저히 전할 수 없고, 서로가 마음과 마음으로 전하는 사람 외에는 아무도 모른다는 것이다.

선禪과 교敎를 회통했던 송宋나라 적음존자寂音尊者는, 화엄경華嚴經을 용궁龍宮에서 가져왔다고 해서 용궁해장龍宮海藏이라고 하지만, 화엄경을 다 뒤져봐도 '뜰 앞의 잣나무'라는 도리道理는 없다고 했다.

일승원교의 도리道理로는 교외별전하는 소식을 모른다는 말이다.

이 소식을 알 수 있는 수행은 선정禪定 외에는 없다. 선정禪定이란 육근六根이 경계境界를 대하여도 마음이 의식意識에 반영된 대상對象을 따르지 않는 수행을 말한다. 육도만행六道滿行을 닦아서 성불成佛한다고 하지만 그것은 모두 밖으로 모양을 구求는 일이다. 영명연수(永明延壽, 904-976) 스님은 보살게 서문에서 육도만행을 닦아서 성불成佛한다는 것은 송장을 타고 바다를 건너가는 것과 같다고 했다. 자기의 마음을 깨치지 않고 밖에서 구求하려 해서는 금생성불은 불가능하다는 것이다.

증도가證道歌에 이르기를,

돈각요지여래선頓覺了知如來禪

육도만행체중원六度滿行體中圓이라.

"여래선을 단박 깨달아 마치니, 육도만행이 본체 속에 이미 갖추어져 있음이로다."

부처님의 상주설법常住說法

선문염송禪門拈頌에 이르시길,

세존미리도솔이강왕궁世尊未離兜率已降王宮

미출모태도인이필未出母胎度人已畢이라.

"세존께서 도솔천을 여의지 않으시고 정반왕궁에 내려오시고, 마야부인 모태에서 나시기 전에 중생을 다 제도해 마치셨다."

이는 시공時空을 초월한 간격間隔이 없는 동시同時이다.

우리가 육식六識의 경계로 보면 시간과 공간이 존재한다. 이 자타自他의 간격이 공간空間이다. 반야심경은 밖으로 오온五蘊이 공空함을 비춰 보고 육식 경계로부터 뒤돌아서면, 공간空間의 간격이 없어지고 무시무처無時無處이며 동시同時이고 공적空寂임을 말한다.

하늘에 달이 하나 있고 일천 강에 물이 있으면, 일천 강에도 달이 있지만 그것은 그림자일 뿐이다. 하늘에 달이 없으면 강물에 비친 달도 사라진다.

　이뭣고 직관直觀이 깨달음이며 그림자인 환유幻幽가 사라지면 정안淨眼이다.

　부대사(傅大士, 497~569) 송頌하기를,

야야포불면夜夜抱佛眠 조조환공기朝朝還共起
기좌진상수起坐鎭相隨 어묵동거지語默同居止
섬호불상리纖毫不相離 여신영상사如身影相似
욕식불거처欲識佛去處 지저어성시只這語聲是라.

　"밤이면 밤마다 부처님을 안고 자고, 아침이면 그 부처님과 같이 일어난다. 앉으나 서나 늘 따라다니고, 말하거나 침묵하거나 항상 같이 있네. 털끝만큼도 서로 떨어지지 않고 마치 몸에 그림자 따르듯 하는구나. 부처님 계신 곳을 알고자 할진데, 다만 이 말소리 이놈[是]이로구나."

부처님 탄생게誕生偈와 중도中道

　부처님은 탄생 아닌 탄생을 하시자마자, 사방으로 일곱 걸음을 걸은 뒤 오른손은 하늘을, 왼손은 땅을 가리키며 선언하셨다.

천상천하 유아독존天上天下 唯我獨尊
삼계개고 아당안지三界皆苦 我當安之라.

"우주에서 인간보다 더 존엄한 것은 없다. 즉 시방세계 그대로가 진여眞如인 부처인데, 삼계三界가 모두 생로병사生老病死의 고통에 빠져 헤어날 줄을 모르니 내가 마땅히 이를 건져 주리라."

이것이 세존께서 사바세계에 출현하신 일대사인연一大事因緣이다. 일곱 걸음의 의미를 보면 앞의 여섯 걸음은 육도윤회六道輪廻를, 여기에서 한 걸음 더 나아간 일곱 번째 걸음은 우리가 금생今生에 성취해야 할 열반의 세계를 가리킨다.

부처님은 도솔천 내원궁에서 호명보살護明菩薩로 계시다가 이 사바세계에 오신 바 없이 오셨다. 그리고 왕세자로서 사랑하는 부인 아쇼다라와 아들 라훌라를 왕궁에 남겨두고 29세에 설산雪山 고행苦行을 택하셨다. 우리가 최상으로 추구하는 부귀영화도 생사生死 앞에 무상함을 일깨워 주기 위함이었다. 부처님의 설산雪山 6년 고행苦行은 자신이 깨치기 위한 것이 아니고, 중생을 제도濟度하기 위한 방편으로 중도中道에 이르는 과정을 보이신 것이다.

출가하여 구도의 길에 나선 부처님은 요가 수행자인 '알라라 칼라마'와 '웃다카 라마풋타'를 스승으로 하여 선정禪定을 배웠다. 하지만 그들에게서 배운 무소유처정無所有處定이나 비상비비상처정非想非非想處定 등은 지止에서는 마음이 고요하다가도 다시 깨어나면 마음에 오온五蘊이 일어나 진정한 선정을 얻을 수가 없었다. 두 스승을 떠난 부처님은 이후 6년간의 고행苦行을 했지만 그 역시 참다운 수행의 길이 아니었다. 결국 브라만식 수행에 한계를 느낀 부처님은 고행을 멈추고 네란자라 강가에서 처음으로 목욕을 하고, 수자타 여인이 올린 유미죽을 드시고 보리수 아래에서 선정에 들었다.

이때의 선정은 사마타samatha와 위빠사나vipassanā라 할 수 있다. 사마타는 한곳에 집중해서 마음의 동요와 산란이 가라앉아 그친 상태로 '지止'라 하며, 위빠사나는 모든 현상의 본성을 꿰뚫어 보아 무상無常 · 고苦 · 무아無我를 통찰하는 수행으로 '관觀'이라 한다. 즉, 사마타는 집중하는 삼매[定]이고 위빠사나는 지혜慧의 수행이다. 부처님은 이 지관止觀을 통한 선정에 들어 7일 만에 사공정四空定을 깨달으셨다.

사공정은 사공처정四空處定이라고도 하는 데, 공무변처정空無邊處定 — 색色의 상상을 버리고 무한한 허공虛空을 관觀하는 선정禪定, 식무변처정識無邊處定 — 식識인 상상을 버리고 광대무변하다고 관觀하는 선정禪定, 무소유처정無所有處定 — 심무소유心無所有라고 관觀하는 선정禪定, 비상비비상처정非想非非想處定 — 유상有想을 버리고 비상非想도 버리는 선정禪定을 말한다.

부처님은 이 경계를 차례로 깨달으시고 마침내 35세의 어느 새벽, 오온五蘊 중 수受 · 상想에 의해 일어나는 일체소연一切所緣에 의한 마음의 작용을 그치는 멸진정滅盡定에 드셨다. 번뇌煩惱의 불꽃을 지혜智慧로 꺼서 일체의 고뇌苦惱가 소멸되어 생사 윤회와 미혹迷惑의 세계에서 해탈解脫한 깨달음의 세계인 무여열반無餘涅槃을 성취하는 과정過程을 보여 주신 것이다.

부처님께서 설산에서 수행하실 때, 옷을 입지 않고 열매로 공양을 대신하며 목욕도 하지 않고 뼈 골상骨相을 보이신 뜻은, 우리에게 몸을 혹사시키는 고행苦行의 수행과 게으름[懈怠心]의 양극단을 뛰어넘는 중도中道에 이르는 길을 세워 보이신 것이다.

원오극근(圓悟克勤, 1063-1135) 스님 송頌하기를,

대상본무형大象本無形 지허포만유至虛包萬有

말후이대과末後已大過 면남간북두面南看北斗

왕궁도솔도생출태王宮兜率度生出胎

시종일관초무거래始終一貫超無去來

소종멸적제근대掃種滅迹除根帶

화리연화처처개火裡蓮花處處開라.

"큰 형상은 본래부터 형체가 없는데, 지극히 먼 곳에서 만물을 포함한다. 꼴찌가 그대로 앞장을 서고 남쪽으로 얼굴을 돌려 북두칠성을 보노라. 왕궁과 도솔천과 중생제도와 태胎에서 나옴이 시종일관하여 애초부터 가고 옴이 없으니, 자취를 쓸어 없애고 뿌리를 뽑아 버려야 불 속의 연꽃이 곳곳에서 피어나리."

일일면남간북두一一面南看北斗

화중생련처처개火中生蓮處處開라.

"얼굴을 남쪽으로 해서 북두칠성을 보는 것"은 공간이 없는 처무애處無碍이고, "불이 벌건 화로에서 연꽃이 핀다"는 것은 시무애時無碍라. 지금只今이라는 말이다. 그러니 영산회상에서 석존과 나, 자타自他가 사라진 바로 이 자리인 것이다.

육식경계六識境界는 전부 밖으로 달아나기 때문에 부모하고 생이별하는 것인데, 뒤로 돌아오면 공간 간격이 없어진다. 돌아섰는데도 끊어지지 않는 것은 아직 경계에 머물러 있기 때문이다. 상相에 머무르지 않는 마음이 자성청정심自性淸淨心이고, 한 생각 미혹에서 벗어나면 그 자리가 2600년 전 영산회상이다. 윤회의 길잡이인 한 생각 망심妄心을 뒤로하고, 그 근원根源인 폭포수 정점頂點을 향해 올라가는 횃불이 시심마是甚麽 — 이뭣고이다.

송대宋代의 예장종경(豫章宗鏡. ?-?) 스님 송頌하기를,

보화비진료망연報化非眞了妄緣

법신청정광무변法身淸淨廣無邊

천강유수천강월千江有水千江月

만리무운만리천萬里無雲萬里天이라.

"보신 화신 부처님은 망연이고, 법신불法身佛만이 청정하여 크고 넓기가 끝이 없네. 일 천강에 달이 뜨니 일 천강에 달 비추고, 일만 리에 구름 없으니 일만 리가 푸르른 그대로다."

육조혜능(六祖慧能, 638-713) 스님 또한 "법신은 우리의 성품이고, 보신은 마음의 지혜이며, 화신은 우리 마음의 작용이다." 하셨다.

삼신불은 어떤 형상을 말한 것이 아니다. 법신은 본래 깨달은 고요한 성품이며, 보화는 본체인 청정법신의 그림자이다. 이에 반해 마음의 작용이란 제7식과 제8아뢰야식의 분별의식分別意識이다. 강물에 비친 그림자이고, 생각은 이로 인한 업장業障인 번뇌 망상이다. 생각은 중생의 심의식心意識의 작용을 말한다.

심의식心意識은 객진번뇌客塵煩惱다

불교 인식론은 대상을 인식하는 색·수·상·행·식色受想行識이라는 5온五蘊과 이것을 세분화한 18계十八界로 이루어진다. 18계는 여섯 가지 인식대상인 6경[六境: 색·성·향·미·촉·법色聲香味觸法]과 이것들을 지각하는 기관인 6근[六根: 안·이·비·설·신·의眼耳鼻舌身意] 그리고 이에 따라 인식되는 6식[六識: 안식·이식·비식·설식·신식·의식眼識·耳識·鼻識·舌識·身識·意識] 등 총 18가지로 구성된다.

불교에 있어서 정신은 일반적으로 생각하는 '사상'과는 개념이 다르다. 사상은 사람의 주관적 생각이 정립되어 나타난 것으로 불교의 관점으로 볼 때 외형으로 표출된 정신의 한 작용에 불과하다. 불교에서의 정신은 개인의 내면세계 근저를 포함해 근본적인 우주의 이법理法이라는 의미를 가지고 있다. 이런 측면에서 마음의 일체 현상을 일체법으로 규정하고 이를 인식하는 인간人間을 중심으로 설명하고 있는 것이 불교의 관점이다.

　불교는 인간 개개인의 구성 요소要素를 5온五蘊으로 설명한다. 이 가운데 색色은 물질로 이루어진 육신을 말하며, 나머지 수·상·행·식은 정신을 말한다. 18계는 인식 주체를 중심에 두고 육근, 육경, 육식으로 구분하지만, 전오근前五根과 전오경前五境은 물질로, 법法과 육식六識은 정신으로 구분하고 있다. 이들 육식을 바탕으로 하는 심의식心意識은 객진번뇌客塵煩惱이다. 우리가 세세생생 지은 업장業障의 먹구름인데 본래의 지혜광명을 한 생각으로 가리고 있기 때문에 중생계를 이루어 건널 수 없는 육도의 강江을 이룬 것이다.

　이 한 생각의 뿌리를 뽑아 소멸시켜서 본래의 자성청정심自性淸淨心으로 환지본처還至本處하여 불지佛地를 이루기 위한 참선수행이 이뭣고이다.

　대승기신론大乘起信論에 이르기를,

　삼계허위三界虛僞 유심조작唯心造作 이심즉離心卽 무육진경계無六塵境界 차의운하此義云何 이일체법以一切法 개종심기皆從心起 망념이생妄念而生이라.

　"삼계가 허위인지라, 오직 마음이 지은 바이니, 마음을 여의면 곧 육진경계가 없으리라. 이 무슨 뜻인가? 일체법이 다 마음에서 일어나고 망념에서 생겨난다."

일체가 심식心識에 의해서 존재하고 작용한다는 것이다.
즉, 우리가 알고 있는 모든 것[萬法]이 전부 생각이고 관념이
며 식識일 뿐이라는 것이다. 따라서 세간의 일체경계와 차별
상도 중생이 무명망심無明妄心을 의지해서 현재에 안주하며
미래의 업종자業種子를 지닌 까닭에 나타나는 것이다.

시고是故 일체법一切法 여경중상如鏡中像 무체가득無體可得 유
심허망唯心虛妄 이심생즉以心生側 종종법생種種法生 심멸즉心滅側
종종법멸고種種法滅故라.
"그러므로 일체법은 거울 속에 나타난 허상虛像과 같아서 얻
을 만한 실체實體가 없다. 마음은 허망하나니 마음이 일어나면
일체법이 일어나고, 마음이 멸하면 일체법 또한 없어진다."

삼계유심三界唯心 만법유식萬法唯識이라. "삼계도 심의식心意
識의 허망한 망상妄想으로 일어났을 뿐"이라 하였다.
세간世間은 환화幻化이며 일체一切는 무상無常한 객진客塵이
다. 오직 태허공의 체體만 있으니 그 자리에는 형색形色과 소
리를 두지 못하며 티끌만한 한 법法도 세울 수 없다.
상相에 머물지 않고 원각圓覺을 이뭣고로 직관直觀하는 것이
머물지 않는 것이다.
육진六塵에 머무는 것이 윤회輪廻이다.

식識은 본래 스스로 앎이 없건만, 중생이 허망虛妄한 한 생각을 붙잡아서 마음[識]으로 삼음으로써 무명無明이 일어난 것인데, 이것을 실제로 오인誤認하고 집착심執着心을 일으키는 것이다.

심의식心意識이란 심心·의意·식識을 합친 말이다.

심心은 집기集起하는 마음이 신신身·구구口·의의意 삼업三業을 쌓고 일으키는 것이고, 의意는 말나식末那識으로 사량분별思量分別하는 것을, 식識은 요별了別이라 하여 인식 대상 또는 마음의 작용 대상에 대해 아는 것을 말한다. 즉 파란색이 소리가 아니라 색깔이라는 것을 식별識別하는 것이다. 대승불교에서는 의意와 심心을 식識보다 더 깊은 마음의 층인 제7식과 제8식을 설정하여 말나식과 아뢰야식이라 하였다. 이 제8아뢰야식으로 인해 업業이 밭이 되고, 식識은 종자種子, 무명에서 오는 집착執着은 물이 되어 생사 윤회를 거듭하는 것이다.

따라서 애착과 집착에서 벗어나면 무여열반無餘涅槃이며, 그 무명의 한 생각 뿌리를 뽑아버리는 수행의 금강보검金剛寶劍이 시심마是甚麼 — 이뭣고이다.

❀ 제7말나식

식識은 무명無明과 행행으로 인한 분별의식分別意識이다. 존재存在는 없는데 행行의 과果만 남아 제8아뢰야식[根本識]에 저장되어 육도윤회의 주체가 되는 업業이 된다. 이 아뢰야식인 업종자業種子를 자아自我라고 착각한다.

제7말나식은 거짓 '나'인 가아假我로서 존재는 없는데, 행行의 과果만 남아 제8아뢰야식과 함께 다음 생을 받게 되는 영식靈識이다. 아뢰야식에 저장된 종자를 이끌어 내어 현재의 인식이 이루어지게 하고 생각과 생각이 끊임없이 일어나게 하는 역할을 한다. 번뇌에 물들어 자아[內我]가 있다고 생각하고 집착하는 오염된 자아의식으로 작용하는 데, 이 자아의식은 아치我癡 · 아견我見 · 아만我慢 · 아애我愛라는 네 가지 번뇌의 마음작용을 일으킨다.

아치我癡: 무명無明으로 인하여 무아無我의 이치를 모르는 것. 본래 여여불如如佛이라는 진리를 망각하고 지혜의 광명을 이뭣고로 밝혀 쓰지 못하고 캄캄한 밤의 한생을 보낸다.

아견我見: 거짓 '나'인 자아自我(ego)가 실제한다고 보는 견해.

아만我慢: 거짓 '나'인 자아가 실재한다고 굳게 믿고 자기의 생각이나 견해를 내세워 가정이나 직장에서 상대의 자존심을 무시하는 행위.

아애我愛: 자아에 애착심을 갖는 아탐我貪. 이 세상에서 자기가 자기를 100% 사랑하는 것이 인간의 본능이다. 그러니 내가 나를 사랑하는 만큼 부인이나 가족, 사회의 모든 상대방이 나를 사랑해 주리라 착각한다. 이것이 충족되지 않을 때는 화禍를 내게 되는 것이다.

수능엄경首楞嚴經은 다음과 같이 말씀한다.

"우리의 마음 가운데 장식藏識인 아타나阿陀那란 미세한 식識이 수만 생의 인습으로 굳어져, 식심識心으로 일어나는 번뇌 망상이 마치 폭포수처럼 흐르고 있다. 그 식심은 묘각妙覺의 여명으로 생긴 허망한 마음에서 일어난 것이다.

그러나 허망에서 마음이 생겨 그 마음이 새끼를 꼬듯 식심을 비틀어서 육근이란 여섯 매듭을 만든 것인데, 그 매듭을 푸는 데는 육근 중에서 두루 통하는 의식을 택해서 감상을 따라 흐르는 식심을 두루 원만한 각성覺性으로 몰입시키면 마침내 정각을 이루리라."

그 묘각으로 몰입시켜 정각을 이루는 가장 빠르고 정확한 길이 생활 속에서 행주좌와 어묵동정에 이뭣고와 함께하는 것이다.

❀ 제8아뢰야식

잠복潛伏상태에 있는 제8아뢰야식의 업종자業種子인 아타나가 제7말나식의 한 생각으로 떠오르면 탐욕 · 분노 · 고락 · 선善 · 악惡 등으로 나타나게 된다.

마치 무슨 씨앗인지 잘 구분되지 않는 좁쌀 같은 갖가지 씨앗이 바구니에 가득 담겨져 있는 데, 그 하나를 집어내어 물을 주면 싹이 돋아나 자신의 본색을 드러내는 것과 같다. 전생에 지은 업業의 저장창고[컴퓨터 CPU]에 연기緣起되어 한 생각이 일어날 때마다 쉬지 않고 각본에 따라 전생을 재연再演하는 것을 분별심分別心이라 하며, 삶이라 한다.

세상의 모든 정신적, 물리적 현상現狀은 오직 진성연기眞性緣起일 뿐이다. 몽夢과 같고 환幻과 같은 현상現像을 실제인 것으로 오인하여 분별하고 취사取捨하면서 집착執着하기 때문에 시시비비是是非非가 끊임없이 일어나는 것이다. 환幻과 같은 법계法界를 실체인 것으로 오인誤認하기 때문에 나와 내 것을 세워서 집착執着하므로 생사법에 걸리는 것이다.

밝음도 어두움도 깨달음도 미혹함도 모두 참 성품의 거울에 나타나는 허망한 그림자이나, 대원경大圓鏡에 들면 번뇌煩惱가 그대로 보리菩提요 속박이 그대로 해탈解脫이다.

부처, 곧 참나는 개념이 아니고, 이름[名]이나 모양[色]에 있는 것이 아니다. 그것은 텅 빈 충만이며 공적영지이다. 세상은 명색名色으로 존재하는 것이며, '나' 라는 것도 이름과 모양일 뿐 실체가 없는 환幻이다. 식심識心인 망심妄心이 있기 때문에 나와 세상이 있는 것이며, 망심이 없다면 나와 세상은 본래 있는 것이 아니다. 일체유심조一切唯心造의 심心도 망심妄心이니, 마음 밖에 법法이 있다고 믿는 데서 생기는 것이다.

부처는 내 생명과 우주 만물 만생의 본질本質이며 주인공이다.

제8아뢰야식은 장식藏識 또는 종자식種子識이라 하는 데, 인간이 삶을 부여 받아 가지게 된 희로애락喜怒哀樂의 모든 경험을 갈무리하고 있으며, 말나식과 같이 인류가 출현하기 이

전부터 무시이래無始以來로 모든 경험까지 저장하고 있다. 또 아뢰야식에는 주객主客이 나누어지지 않는 업業, 즉 카르마 Karma의 모습과 주관인 능견能見의 모습과 객관客觀인 경계의 모습이 있다. 유위법有爲法의 인식현상認識現想 역시 아뢰야식에 저장되는 과果이다.

현대 심리학에서도 무의식無意識 또는 잠재의식潛在意識은 우리가 마음으로 생각했거나 느꼈거나 말한 것, 몸으로 행한 것 등 모든 경험을 남김없이 기억하고 있다고 한다. 말나식의 아집我執 또한 그러하다. 예를 들어 벌레부터 동물, 식물, 새, 물고기 등 모든 생명체는 생존 경쟁에서 살아남고 종족을 보존하기 위하여 어떠한 잔인한 행동도 태연히 한다. 남이 모아 놓은 먹이를 가로채기도 하고, 암컷을 빼앗기 위하여 투쟁하기도 하고, 두견새처럼 꾀꼬리 알을 둥지에서 몰아내고 거기에 자기 알을 넣어 새끼를 부화시키고 또 꾀꼬리에게 키우게 하는 데, 이 모든 것은 말나식이 시킨 짓이다. 이러한 경험들은 아뢰야식에 전부 저장된다. 이것을 다른 말로 습習이라 하며, 이러한 잘못된 아집에서 나오는 습을 무명無明이라고도 한다.

우리가 여러 가지 형태의 이상한 행동을 하게 되는 것도 다 전생의 업을 재현하는 것이다. 그래서 제7말나식과 아뢰야식을 무의식無意識이라 하는 데, 아주 미세한 망상妄想을 말한다.

의지근본식依支根本識 오식수연현五識隨緣現

혹구혹불구或俱或不俱 여파도의수如波濤依水라.

"5식五識은 제8아뢰야식을 의지하여 인연 따라 현기現起하는 데, 모두 함께 작용하기도 하고 하지 않기도 한다. 이는 마치 파도가 물을 의지하여 일어나는 것과 같다."

'수연현隨緣現'은 인因과 연緣을 따른 결과로 제6식의 감정感情이 순간에 일어난다는 말이다. '나'라고 집착하는 원인과 상대의 연緣이 동시에 작용하여 각자 전생을 재연再演한다는 것이다.

5식五識[안식·이식·비식·설식·신식]은 전5식前五識이라고도 하는 데, 6식 중에서 의식意識을 뺀 다섯 가지 몸의 기관으로 외부와 접촉할 때 그것을 인식하고 분별하는 작용을 한다. 이 작용을 가능하게 하는 것은 전5식이 제8아뢰야식(근본식)에 저장된 업식業識에 의지하기 때문이다. 과거 내가 쌓은 인습의 종자식의 업종자業種子(아타나)에 의지해서 일어나므로 과거의 경험이 현재의 인식認識을 좌우한다는 것이다.

전5식과 6식은 함께 작용하는 데 제6식이 대상을 인식하고 좋고 나쁘다는 감정을 일으킨다. 연緣은 5근이 접촉하는 대상인 색·성·향·미·촉色聲香味觸의 다섯 가지 경계이다. 이때 아뢰야식에 저장된 업종자들이 업력業力에 따라 그 대상을 접촉할 때 느끼는 감정이 제7말나식을 형성하면서 각각 다른 분별심으로 나타난다. 따라서 이러한 분별심으로 인한 각자의 다툼을 막기 위해서 한 생각 분별심이 일어나기 전에 알아차리고[싸띠] 이뭣고를 하라는 것이다. 그 찰나에 분별심을 쓰지 않으면 자동적으로 업장業障이 소멸되고 금생성불로 이어질 수 있다.

전5식은 감각기관, 대상, 의식 세 가지 요인에 의해서 함께 작용하기 때문에 대상이 없을 때는 작용이 끊긴다. 전5식은 근본식(제8아뢰야식)을 의지하여 경계境界가 있어야 작용하지만, 제6식은 외경外境과 상관없이 행주좌와 일거수 일투족에 쉬지 않고 작용한다. 다만 무상無想 무심無心, 잠 잘 때, 기절했을 때는 작용하지 않지만 깨어나면 작용한다. 또한 제6식은 시각·청각·미각·후각·촉각·사고력을 매개로 얼굴을 내미는 것이 원숭이와 같은 작용을 한다.

오온개공五蘊皆空

5온이라는 것은 색色·수受·상想·행行·식識을 말하는데, 색이 광光으로 이루어진 물질이라면 수·상·행·식은 색을 쫓아 생기는 식심識心이다. 그러므로 색이 공空하다는 것을 깨치면 수·상·행·식도 절로 공空하게 된다.

오온개공五蘊皆空을 줄이면 공空이다. 그렇다고 아무것도 없어 텅 비어 있다는 것이 아니다. 의식意識이란 거울에 비친 그 어떤 것도 그 안에 '나[我]'라고 할 만한 실체를 가지고 있지 않다는 뜻이다.

진정한 무소유無所有는 물질적으로 비우는 것이 아니라, 모든 집착執着과 애착愛着을 다 비워 빈손이 되는 것이다. 그러할 때 다생겁래로 쌓인 업장이 소멸되고 본체가 드러나 성불成佛로 이어지는 것이다. 모든 존재存在는 연기緣起하며, 연기하는 것은 무상한 것이고, 무상한 것은 그 성품性品이 공空하다는 것이다.

반야심경에서의 조견照見은 자기 내면에 대한 성찰을 통한 인식의 전환을 의미한다. 한시도 쉬지 않고 분별심을 앞세워 외부를 향하여 치달리는 마음을 내면으로 돌려 바르게 통찰하는 것이 조견이다. '내가 있다.' 라는 사실과 '나는 누구인가?' 라는 궁극적인 물음에 집중하는 것이 조견이며, 산란심을 잠재우고 집중을 유도하는 유일한 핵무기가 이뭣고이다.

5온이 무상無常하다면 5온으로 구성되어 있는 나도 그리고 이 세계도 무상한 것이다. 그러므로 '세계는 존재하지만 존재하지 않는다.' 또는 '존재하는 것도 아니고 존재하지 않는 것도 아니다.' 라고 말할 수 있다. 우리 눈앞에 전개展開되는 삼라만상 두두물물이 생로병사와 성주괴공 흥망성쇠 하는 그 자체로 제법의 실상이다. 그러나 제법종본래 상자적멸상이라. 깨치면 항상 그 자체가 스스로 생사가 없는 열반상이라는 것이다.

증도가에 이르기를,

오음부운공거래五陰浮雲空去來

삼독수포허출몰三毒水泡虛出沒이라.

"5음(5온)의 뜬구름은 부질없이 오가며, 삼독의 물거품 또한 헛되이 일어났다 멸한다."

승조(僧肇, 384-414) 스님 송頌하기를,

사대원무주四代元無主

5온본래공五蘊本來空

장두임백인將頭臨白刃

유사참춘풍猶似斬春風이라.

"사대는 원래 주인이 없고 5온 역시 본래 공한데, 망나니가 휘두르는 칼로 내 목을 친다 해도 그것은 마치 봄날에 아지랑이를 베는 것과 같다."

승조 스님은 구마라집九摩羅什의 제자이다. 스님은 후진後秦의 왕 의회가 환속하여 재상에 오르기를 권하였으나 이를 따르지 않았다. 이에 왕명을 거역한 죄로 참수당했는데 이때 남긴 임종게이다.

중생들이 쓰는 마음은 5온에서 비롯된다. 인간이란 생명체는 매 순간 변화하는 5온의 인因이 연기緣起한 작용일 뿐이다. '나'라는 상주불변하는 독립적인 존재로서의 실체가 아닌 공성空性일 뿐이다. 그런데 5온을 자기 자신과 동일시하여 그 통 속에 갇혀 있다는 사실을 망각忘覺하며 살고 있는 것이다. 본래 5온으로 구성된 나라는 존재는 실체가 없는 무아無我이며 텅 빈 공空이지만, 분별식分別識에 의해 '있다'고 착각을 일으켜 결국 괴로움이 되는 것이니, 그 한 생각 뿌리를 이 뭣고로 매 순간마다 알아차리고 제거하여 업장을 소멸시키는 것이 참 수행이다.

계빈국 왕이 제24대 사자존자에게 물었다.
"무슨 공부를 하셨습니까?"
"5온이 공함을 공부했습니다."
"5온이 공함을 얻었습니까?"
"이미 5온이 공한 법을 얻었습니다."
왕이 다시 물었다.
"그대의 목을 쳐도 되겠는가?"
존자가 답했다.
"신비아유身非我有 하황두호何況頭乎라. 이 몸이 내가 아닌데 더군다나 머리이겠습니까?"
이에 왕이 머리를 베니 흰 젖이 높이 솟았고 왕의 팔이 저절로 떨어졌다.

한산정상월륜고寒山頂上月輪孤
조견청공일물무照見晴空一物無

가귀천연무가보可貴天然無價寶

매제오음익신구埋在五陰溺身區라.

"한산寒山의 정상에 둥근달이 외로이 밝게 온 천지를 비추니 태허공에 그림자 한 점 없는 천연 그대로인데, 값으로 따질 수 없는 진귀한 보배가 오음 통 속에 매장되어 있구나."

견지망월見指忘月이라. 5온 통 속에서 달을 본다면서 손가락을 보고 달이라 하여, 언제나 참[眞]을 놓치고 망심妄心으로 평생을 살아가는 것이 중생이다.

생로병사의 모든 고통은 우리의 뇌腦에 저장된 기억記憶들이 원인이 된다. '나'라는 존재가 있기 때문에 죽음, 공포, 고통이 따르게 되는 것이다. 마음 또한 본래 있는 것이 아니라 장식藏識에 저장된 기억 속의 '한 생각'이다. 모든 것이 마음따라 변한다는 것을 깨치면 그 사람은 부처를 보는 것이다.

그러므로 애써 밖에서 찾으려 하지 말고, 지금 여기 찰나의 마음 안으로 관觀하는 그것이 부처행이다. 그 정확한 관법觀法이 이뭣고이다. 생활 속에서 행주좌와 어묵동정에 '이'를 심안心眼으로 비춰보는[회광반조] 직관直觀이, 금생에 업장業障을 소멸하고 생사윤회에서 벗어나는 길이다.

부처님은 '나'의 본질本質을 색色·수受·상想·행行·식識의 5온五蘊으로 설명하셨다. 색온色蘊은 우리의 육신을 나의 것, 영원한 것, 늘 아름다워야 하는 것으로 착각하는 번뇌의 무더기를 말한다. 이로 말미암아 아상我相에 집착하여 고통을 받으니, 무아를 깨달으면 없어지는 것이다.

수온受蘊은 인간의 정신작용 가운데 괴로움이나 즐거움 같은 느낌이나 감정의 무더기를 말한다. 좋은 느낌은 지속적으로 이어지기를 바라고, 나쁜 기분은 화禍를 내게 된다. 그러나 좋은 느낌에 대한 갈망渴望이 지나치면 술, 마약, 도박 같은 중독으로 이어지고 업장이 되어 장식에 쌓이게 된다.

상온想蘊은 마음속에서 어떤 것을 떠올리는 생각과 관념을 형성하는 작용이다. 상想은 사상, 이념과 같은 이지적理智的 심리현상의 밑바탕이 된다.

행온行蘊은 심리현상을 포괄하며, 행위를 낳는 의지작용이다. 하고 싶은 의욕이나 충동을 불러 오지만, 하고자 하는 욕구가 항상 충족되는 것이 아니기 때문에 괴로움이 따르게 된다.

식온識蘊은 식별, 인식, 판단하는 작용을 말한다. 마음 작용 전반을 총괄하는 주체적인 마음의 활동으로 식識이 일어날 때 수受·상想·행行이 함께 일어난다. 이때 분별의식의 작용에 따라 5온으로 구성된 '나'에 대한 집착이 강하게 일어나서 '나'라는 존재를 실체로 받아들이는 것이다. 실체가 없는 무아無我이지만, 식識에 의해 '있음'이 되어 착각을 일으키며 결국 괴로움이 되니, 그 한 생각의 뿌리를 매 순간 이뭣고로 제거하는 과정이 참 수행이 되는 것이다.

관자재보살觀自在菩薩

행심반야바라밀다시行深般若波羅蜜多時

조견오온개공照見五蘊皆空

도일체고액度一切苦厄이라.

"관자재보살이 깊은 반야 바라밀다를 행하실 때 5온이 모두 공함을 비춰 보고 고액을 건넜다."

관자재보살은 사람마다 다 갖추고 있으나, 6근으로 인하여 경계가 막혀 있어 꿰뚫어 보지 못하고, 만 가지 인연에 이끌려 자재하지 못할 뿐이다.

금강경에 이르시길,

약이색견아若以色見我

이음성구아以音聲求我

시인행사도是人行邪道

불능견여래不能見如來라.

"만약 모양 있는 것[色]으로 나를 보려 하거나, 음성[聲]으로 나를 구하려 하면, 이 사람은 잘못된 도를 행하는 것이니, 여래를 보지 못하리라."

행行이란 이뭣고로 직관하여 진여眞如와 합일合一되는 것이라 할 수 있다. 자성 자리를 회광반조廻光返照하여 자신의 본래면목을 보아야 한다는 말이다.

조견오온개공은 허깨비와 같은 허망한 이 색신을 '나' 라고 오인하여 오랜 겁劫에 걸쳐 윤회하는 나의 참 모습을 보는 것이다. 스스로 항상 이뭣고로 돌이켜 비추어 보면, 5온이 공空이 되어 청정한 본래 모습이 드러나게 되니, 비로소 도일체고액이 되는 것이다. 화두 일념으로 오매일여를 거쳐서 공空의 차원을 체득하면 12인연과 5온 18계가 무너져서 대자유인이 되는 데, 그 유일한 수행법이 '오직 모를 뿐' 인 이뭣고이다.

부처님이 21년간 설설하셨다는 반야부의 주요 관심은 어떻게 해야 생사고生死苦를 벗어날 것인가 하는 문제였다. 그리고 이 진리에 이르는 유일한 길[道]을 핵심적으로 집약시킨 내용이 '조견오온개공 도일체고액'이다.

반야는 이를 조견할 수 있는 지혜智慧이다. 또 5온을 이뭣고로 직관直觀하여 5온과 현상계를 텅 빈 것으로 깨닫는 지혜가 관자재이며, 모든 분별과 집착을 내려놓는 방하착放下着이 행심行心이다.

화엄경 사구게에서 이르시길,

심여공화사心如工畵師
능화제세간能畵諸世間
오온실종생五蘊實從生
무법이불조無法而不造라.

"마음[識心]은 그림을 그리는 화가와 같아서, 능히 세상사를 다 그려낸다. 5온이 다 마음으로부터 나온 것이어서 무엇이든 만들어 내지 않은 것이 없다."

즉 5온五蘊인 색 · 수 · 상 · 행 · 식色受想行識이 모두 마음의
작용이라는 것이다.
또 포대화상(布袋和尙, ?-917?)이 이르기를,

아유일포대我有一布袋
허공무가애虛空無罣碍
전개변시방展開偏十方
입시관자재入時觀自在라.
"나에게 5온五蘊이 공空한 한 포대가 있으니, 우주와 하나를
이루어 텅 비어 걸림이 없도다. 열어 펼치면 우주에 두루하
고, 자유자재하여 들어오고 나감에 아무런 걸림이 없도다."

5온五蘊을 '나'[我]라고 굳게 믿고 번뇌煩惱와 집착執着이 따
라붙는 것이 5취온五取蘊이다.

오온산五蘊山과 사지四智

유식론唯識論에 따르면, 전5식前五識을 질적質的으로 변화시
키면 해야 할 것을 올바르게 이루도록 하는 지혜인 성소작지
成所作智를 이룬다. 그러면 제6식[意識]이 모든 법의 실상을 잘
관찰하고 자유자재로 가르침을 설說하여 중생의 의심을 끊어

주는 지혜인 묘관찰지妙觀察智를 이루고, 다음엔 나와 남을 분별하는 제7말나식의 4번뇌四煩惱가 소멸됨으로써 자타의 평등함을 깨달아 대자비심을 일으키는 평등성지平等性智를 이루며, 마침내는 제8아뢰야식이 무명無明을 떨치고 청정한 무분별지無分別智에 드니 마치 온갖 것을 있는 그대로 비추는 크고 맑은 거울 같은 대원경지大圓鏡智를 성취한다고 한다.

이들 사지四智는 범부도 수행을 통해 성취할 수 있는 부처님의 지혜이다. 사지四智를 체득하여 금생에 생사고生死苦에서 벗어나는 유일한 길잡이로 생활 속에서 성취成就할 수 있는 활구 참선법이 간화선 이뭣고이다.

수행자修行者가 오온산五蘊山을 정복하고 아미타阿彌陀부처님이 계시는 극락정토에 이르는 길은 계·정·혜戒定慧 삼학三學을 통해서이다. 육조혜능은 이 길을 현상의 공간 거리로 말한다면 '십만팔천 리'라고 했다. 곧 몸 가운데 열 가지 악惡이 십만 리요, 팔정도八正道를 거꾸로 행하는 여덟 가지 삿됨邪이 팔천 리라는 뜻이다. 물론 사람의 근기에 따라 다르겠지만, '내 마음이 곧 극락'唯心淨土이란 것과 '내 성품이 곧 아미타불'自性彌陀이란 것을 모르고 동서東西로 헤매고 다니는 중생을 두고 한 말씀이다.

세상에는 두 종류의 히말라야가 있다. 8,000m급 히말라야가 있는가 하면, 인간 내면에는 그보다 훨씬 더 오르기 힘든 히말라야인 오온산五蘊山이 있다. 이 산이 유식학唯識學에서 말하는 제7식識인 말나식이다.

이 제7식은 자아의식自我意識인 에고ego이다. 이뭣고를 수행하는 것도 이 제7말나식을 평등성지平等性智로 바꾸고 제8아뢰야식을 대원경지大圓鏡智로 정화시켜 불지佛智를 이루고자 하는 것이다.

그런데 말나식의 'mala'는 히말라야의 '말라'와 같은 뜻을 지니고 있다고 한다. 산악인은 눈에 보이는 히말라야를 정복하기 위하여 일생을 바치지만, 수행자는 우리 내면에는 존재하나 그 실체도 없는, 마치 캄캄한 밤하늘의 뜬구름 같은 오음산을 정복하기 위해 일생을 바친다. 이때 그 어둠을 밝혀주는 유일한 횃불이 이뭣고이다.

연기설緣起說과 삼법인三法印

불교에서는 현상계現象界의 존재 형태와 그 법칙을 연기緣起로 설명한다. 이 세상에 존재하는 것은 반드시 그것이 생겨날 원인[因]과 조건[緣] 하에서 연기의 법칙에 따라서 생겨난다는 것이다. 그리고 연기의 법칙에서 보면 일체 존재가 공空이기에, 중생의 분별적分別的 사유思惟에서 인식認識된 것은 참다운 실상이 아니라 인식주관 속에서 조작造作되고 구성된 허상虛想에 지나지 않는다는 것이 연기설緣起說의 핵심 내용이다.

연기는 삼법인三法印 또는 사법인四法印의 교의와 관련이 깊다. 제행무상諸行無常에 따르면 모든 현상은 끊임없이 생멸변화하고 있으며, 제법무아諸法無我에 따르면 존재하는 모든 것은 시간적으로나 공간적으로 상호 관련되어 '나'라는 실체가 없다. 따라서 삶 자체가 괴로운 일체개고一切皆苦이나, 바른 지혜에 의한 올바른 실천으로 욕망을 없앰으로써 열반적정涅槃寂靜을 실현할 수 있는 것이다

제법무아諸法無我 ─ 인식주관의 연기 작용으로 형성되어 드러나는 인식현상은 허망虛妄한 분별심分別心에 의해 생긴 것이기 때문에 자성自性이 없다. 만유의 모든 법法은 인연因緣으로 생겼으므로 자아自我의 실체가 없다는 것이다.

아我란 본래 없는 허상虛想이며 전도顚倒된 한 생각의 산물이다. 마음 또한 본래 있는 것이 아니라 장식藏識에 저장된 기억記憶 속의 한 생각일 뿐이다.

재행무상諸行無常 ─ 모든 분별적分別的 사유思惟에서 생기는 인식현상은 인식주관 내에서 회론回論되어 일어나는데, 그 회론을 일으키는 의식작용이 바로 행行이다. 분별적分別的 사유에서 생기는 인식현상에 자성自性이 없다는 것은 이 행의 작용이 항상 하지 않기 때문이다. 중생의 분별은 항상 집착執着을 수반한다.

일체개고一切皆苦 — 영원하지 못하고 변하는 가아假我[제7 말나식]에 대한 집착執着은 불안과 괴로움 등의 생사고生死苦를 불러온다. 미워하는 사람을 만나고 함께하는 원증회고怨憎會 苦, 사랑하는 사람과 사별하거나 이별하는 애별리고愛別離苦, 욕구欲求가 충족되지 않을 때 생기는 구부득고求不得苦, 자기 중심적인 애증愛憎에 대한 집착執着에서 오는 오음성고五陰盛苦 등 모든 고苦는 오온개공五蘊皆空의 도리道理를 망각하고 자기 에 대한 강한 집착執着을 일으켜 생기는 고苦이다.

열반적정涅槃寂靜 — 번뇌를 떠난 마음으로 완전한 고요와 평화의 경계를 말한다. 일체의 존재가 연기緣起임을 깨닫게 되면 열반적정이 된다. 그렇지 못하면 마음은 언제나 번뇌煩 惱로 괴로운 것이다.

12연기十二緣起

불교의 연기설은 12연기로 도식화된다. 12지연기十二支緣 起라고도 하는 데 열두 가지의 각 지支가 서로의 인因과 연緣 이 되어 물질적, 정신적인 윤회輪廻의 흐름을 나타내는 법칙 이다. 십이지十二支는 ①무명無明 ②행行 ③식識 ④명색名色 ⑤육처六處(= 육입六入) ⑥촉觸 ⑦수受 ⑧애愛 ⑨취取 ⑩유有 ⑪생生 ⑫노사老死를 말한다.
　①무명無明은 연기緣起와 무아無我 · 공空 · 중도中道의 진리

를 망각妄覺함으로서 일어나는 한 생각이고, ②행行은 그로 인한 모든 선악善惡의 행위이며, ③식식識은 무명과 행으로 인한 제7말나식의 분별의식分別意識이다. 가아假我[거짓 나]이기 때문에 존재存在는 없는데 행행行의 과과果만 쌓여 장식藏識에 저장되어, ④명색名色으로 이어져 끝내는 ⑫노사老死가 되고, 이는 다시 무명無明이 되어 생사윤회가 끊어지지 않고 이어지는 것이다.

연기緣起는 무아無我를 근본사상으로 한다. 그러나 범부凡夫는 우치愚癡해서 개별적인 아我가 있으므로 생멸生滅을 떠날 수 없다. 모든 상대성相對性은 연기법緣起法으로 절대성絕對性이 바탕이 되어 이루어진다. 모든 형상形相에는 자체성自體性[自性]이 없기에 상대성인 몸뚱이라는 모습이 없어지는 것이 죽음이다.

모든 존재는 상대적相對的이고 상호의존적相互依存的인 연기에 의하여 생멸生滅을 거듭하고 있다는 것이 연기법緣起法이다.

차유고피유此有故披有
차무고피무此無故披無
차생고피생此生故披生
차멸고피멸此滅故披滅이라.

"모든 존재는 이것이 있으면 저것이 있고, 이것이 없으면 저것도 없다. 이것이 생하면 저것이 생하고, 이것이 멸하면 저것이 멸하는 것이다."

그러므로 존재하는 모든 것은 상관관계 속에서 생生하고 멸멸滅하는 것이며, 둘이지만 서로가 하나인 불이不二라는 것이다. 모든 존재는 상호의존성을 갖기에 고정불변의 자성自性이 없으므로 연기공緣起空이며, 연기緣起를 보면 공空을 보고 여래如來를 본다 하여, 대승불교의 공사상空思想에서는 이를 중도中道라 한다.

부처님께서는 공空을 바람에 비유하시며, "바람은 모양으로 볼 수도 없고 붙잡을 수도 없지만 그렇다고 아무것도 없는 것이 아니다. 공空이란 이와 같이 진공묘유眞空妙有"라 하셨다.

만법萬法은 여러 인연因緣으로 하여 발생하므로 공空이라 한다. 연기緣起하여 생생한 제법諸法은 고정적인 유有가 아니기 때문이다. 또한 연기緣起한 제법은 비록 공空이지만 한편으로는 연기緣起하여 존재存在하므로 결코 무無가 아니기 때문에 가假로 표현한다. 연기법緣起法은 이렇게 한편으로 공空이고 한편으로는 가假이므로, 유有와 무無를 떠나 중도中道를 이루는 중中이 된다. 천태(天台, 538-597) 스님은 이 공空·가假·중中의 삼제가 개별적으로 독립된 것이 아니고 서로 원융하다고 주장한다.

윤회輪廻는 우리의 의식意識이 무상無常한 것인 줄 모르고 이것에 집착執着을 일으켜 인식認識의 대상으로 존재화 시키기에 일어난다. 무명無明인 한 생각이 내 자신의 습관을 익혀 놓고 그것을 길들여서 중독中毒을 만들고 업業이 되어 제8아뢰야식에 저장 시켜 놓으면, 그 업식業識이 세세생생 육도고

해六道苦海로 나를 끌고 다니는 것이다. 즉 자기가 생각의 덫을 놓고 그 속에 갇혀 빠져 나오지 못하는 것이 중생의 허물이며 기약 없는 윤회이다. 따라서 연기緣起의 씨앗인 아타나란 종자식種子識을 이뭣고로 그 뿌리를 뽑아버리는 것이 불자의 참된 수행이다.

모든 번뇌煩惱 또한 무명을 근본으로 한다. 예를 들면 눈이 형색形色을 볼 때 애착愛着의 마음을 일으키는 것이 무명이다. 이때 이뭣고로 모든 법의 실상實相이 공성空性임을 보아 자성이 청정해지면 무명無明이 소멸되어 윤회에서 벗어나게 된다.

그러나 인연因緣으로 발생한 만법萬法은 본래 무생無生인 본무本無이기 때문에 만법이 소멸消滅한다 해도 인연因緣이 사라졌을 뿐 마음 자체가 사라진 것은 아니다. 일체 현상現象의 제법은 일심一心의 본체本無가 인연因緣을 따라 발생하였을 뿐 마음 자체가 발생한 것은 아니다. 마치 그림자가 물체에 의지해서 생겨나고, 메아리가 소리라는 파동波動하는 에너지에 의지해서 생겨나는 것과 같다. 마음을 떠난 일체의 상相은 무자성無自性의 연생법緣生法이어서 생멸生滅이 있고 무상無常한 것이다.

따라서 본무일심本無一心은 인연의 화합을 따라 제법으로 나오지도 않았고 인연의 분리分離를 따라 사라지지도 않는다.

유식삼성唯識三性

　유식唯識에서는 일체 존재, 즉 우주 전체 및 우주의 모든 개별 존재의 상태를 세 가지로 구분하는 데 이를 삼성三性이라 한다. 변계소집성遍計所執性 · 의타기성依他起性 · 원성실성圓成實性이 그것으로 이들은 유식의 중요한 근본 교의를 형성한다. 삼성三性은 수행자가 수행을 통해 알아야 할 법이라는 뜻에서 소지법所知法 또는 줄여서 소지所知라 한다. 수행자가 수행을 통해 그 성질을 앎으로써 벗어나야 할 성질은 벗어나고 성취해야 할 성질은 성취해야 하며, 더 나아가 이 세 가지 성질이 수행자가 깨우쳐야 하는 모든 것이라는 의미이다. 또한 삼성三性은 그 의지처가 모두 제8아뢰야식이기 때문에 아뢰야식을, '알아야 할 바의 의지처'라는 뜻에서 소지의所知依라 부르기도 한다.

　이들 삼성三性의 속성을 보면, 변계소집성邊計所集性에 의하여 일어난 색色은 본래 없는 것을 망심妄念이 그려낸 것이기 때문에 공空하며, 의타기성依他起性에 의하여 생겨난 색色도 인연因緣따라 존재存在하고 멸멸滅하는 가유假有이기 때문에 공空할 수밖에 없다. 또 원성실성圓成實性의 입장에서 보아도 색色이란 일어남도 일어나지 않음도 없는 공空의 본질本質이기 때문에 역시 공空하다.

　변계소집성은 식識의 실성實性인 의타기성을 알지 못하는 무명無明으로 인하여 발생한다. 제7말나식이 뇌의 심층에 저장되어 있는 아뢰야식의 발현發現일 뿐이라는 것을 모르고, 거짓 자아인 제7말나식에 의해서 거짓 대상을 분별分別하고 집착執着을 일으킨다. 마치 저녁 무렵 길 위에 놓여 있는 새끼줄 한 토막을 뱀으로 착각하는 것처럼 허상에 집착해서 생기는 것이다. 이렇듯 변계소집성의 무명 속에서 평생을 거짓 나[假我]로 살며 육도의 고해 바다에서 헤매는 것이 중생의 삶이다.

의타기성이란 우리가 착각하는 저 새끼줄이 다른 것과 연기緣起에 의한 상즉相卽 상입相入의 관계를 이루는 속성을 말한다. 상입이란 사물이 서로 연기하는 상태를, 상즉은 겉으로 보기에는 별개의 사물 같지만 그 본체는 하나라는 것을 뜻한다. 즉 종이는 펄프에서, 펄프는 나무에서, 나무는 흙과 물과 공기와 태양 등 수많은 요소要素의 인因과 연緣으로 또 사람들의 손과 기계를 거쳐 만들어 진다. 즉 상즉·상입하고 있다. 그러므로 너와 내가, 들꽃이 둘이 아닌 곧 우주 그 자체인 것이다.

원성실성은 위의 두 가지를 멀리 떠난 성품性品으로 모든 현상의 궁극적인 이치理致이며 또 진여眞如이다. 분별이 끊긴 상태이기에 불변이며, 모든 법法의 참다운 성품이므로 원성실성이라 한다.

무위법無爲法과 공적영지空寂靈智

무위無爲는 중생처럼 회론回論을 일으키는 행의 작용이 없는 것이다. 또 모든 번뇌煩惱와 망상妄想 같은 분별적分別的 사유思惟가 끊어진 뒤에 여실如實하고 명백明白하게 인식주관認識主觀이 드러나는 인식현상을 공적영지空寂靈知라 한다.

분별分別은 존재存在의 본질本質을 보지 못하고 겉모습에 매달려 판단判斷, 사유思維, 추론追論하는 의식작용을 말한다. 분별分別 없이 보는 지혜智慧가 무분별지無分別智이며 상즉相卽이다. 공적영지空寂靈智의 활용活用인 것이다. 이 참마음의 체體는 고요한 앎[空寂]이며, 마음의 용用이 신령한 앎인 영지靈智이다. 이와 같이 일체의 분별分別과 망상妄想·망념妄念, 말과 문자를 떠난 마음의 근원적根源的 자기 활동성活動性을 공적영지라 한다.

깊은 산중에 큰스님이 계셨는데, 마을에 내려가 일을 하고 받은 공양미로 생활하고 있었다. 산중에는 산적들도 살고 있었다. 스님은 오고 가다 산적들을 보면 불법에 귀의할 것을 권하기도 했는데, 그러던 어느 날 산적 두목이 칼을 뽑아들고 스님의 길을 막아섰다.

"스님의 뱃속에는 부처가 있다고 하는데, 이 칼로 배를 갈라서 부처가 나오면 귀의하겠소."

보통 사람 같으면 기절초풍할 일이었다. 하지만 스님은 허허 웃으며 나뭇가지에 쳐놓은 거미줄을 가리켰다.

"저 거미가 뱃속의 줄을 빼 내어 거미줄을 만들지만, 거미를 잡아서 배를 갈라본들 그 속에 거미줄이 있겠느냐?"

"……"

"너에게 온갖 신통神通 묘용妙用을 다 부리지만, 볼래야 볼 수도 없고, 만질래야 만질 수도 없는 한 물건이 불성佛性인 것이야. 부르면 '예!' 하고 대답하고, 목마르면 물을 마시는 그놈이 바로 부처이니라."

하니, 산적은 곧 무릎을 꿇고 절을 올렸다.

달마대사達磨大師의 불식不識 ● 모릅니다

양무제(梁 高祖, 464~549)는 일찍부터 가사袈裟를 입고 방광반야경을 강설했는데, 하늘이 감응해서 꽃비가 내리고 땅이 황금으로 변했다고 한다. 불교를 숭상하여 전국에 사찰을 개창하고 탑塔을 세워 불심천자佛心天子라 불릴 정도였다. 그런 양무제가 달마대사를 초청하여 불교에 공헌한 자신의 업적을 내세우며 물었다.

"나에게 얼마나 많은 공덕功德이 있습니까?"

"소무공덕小無功德이라. 조그마한 공덕도 없습니다."

무엇을 한다는 아상我相에서 행행行한 것은 복은 될지언정 공덕功德은 될 수 없다는 것이다. 본심本心은 무심無心이고 진공眞空이니, 텅 빈 무심에서 무주無住·무상無相으로 보시할 때

참다운 공덕眞功德이 되는 것이다. 흔히 복福 짓는 것을 수행의 과果로 생각하지만 그렇지 않다. 복 짓는 데 일생을 다 보내고 그 과果를 받아 천상天上에 태어난다고 해도, 천상도 육도 안에 있으니 윤회를 피할 수 없다. 복福을 삼생三生의 원수라고 하는 것도 이 때문이다.

양무제가 다시 물었다.

"어떤 것이 성聖스러운 진리眞理입니까?"

"확연무성廓然無聖이라. 허공과 같이 광대무변하고 너무나도 확연해서 성스러울 것도 없습니다."

성인聖人과 범부凡夫·부처와 중생·유무·시비의 분별심分別心을 깨트려 버리는 중도실상中道實相을 드러내 보인 것이다.

그러자 또 물었다.

"그렇다면 내 앞에 앉아 있는 당신은 누구요?"

"불식不識. 모릅니다."

범부凡夫의 지견에 머물러 있는 양무제에게 이분법적인 취사선택取捨選擇 너머에 있는 깨달음의 경계는 유불회론唯不會論이라. 그저 모르고 모를 뿐이다.

중생은 그 자체로 우주의 지혜 광명인 진공묘유이다. 하지만 아상我相이 자리 잡고 있는 만큼 업業의 구름이 그것을 가리게 되어 분별심을 일으킨다. 인연따라 생멸하는 일체의 사물은 마치 꿈이나 환幻처럼 실체성이 없는 데도, 중생들은 눈앞의 온갖 현상을 실유實有로 오인해서 분별하고 집착함으로써 나[我]와 세간의 모습이 '있음'이 된 것이다.

인욕바라밀忍辱波羅蜜

멸아만시하심즉성불滅我慢是下心卽成佛이라.
"아상我相을 버리고 내가 최고最高라는 아만심에서 벗어나 머리가 땅에 닿게 낮추어 하심下心이 되어야 부처를 이룬다."

중생은 불성佛性의 평등함을 망각忘却하기 일쑤이다. 교만驕慢하여 남을 경시하면서도 스스로는 지고至高하다는 마음을 일으키며 자기만의 색안경을 끼고 온갖 시시비비를 만들어 낸다.
원각경에 이르시길,

이환즉각離幻卽覺이라.
"이러한 환영을 여의면 그대로가 깨침"이라 하였다.

화엄경 십행품十行品에서는, 육바라밀 중 인욕바라밀이 세 번째이나 인욕이 주主바라밀이고 나머지는 보조적인 바라밀이라 하였다.
남에게 모욕과 곤욕을 당하면서도 참고 인내忍耐한다는 것은 가장 극복하기 어려운 수행이다. 수행자는 어떠한 경우에도 화를 내거나 분노를 일으켜서는 안된다. 그 순간 성불成佛 자체가 무너져 버린다.
따라서 불자라면 생활 속에서 수시로 일어나는 분노의 감정을 이겨내야 한다. 참을 수 없는 고통과 모욕 등이 한계점에 이른다 해도 바로 그 경계를 알아차리고 이뭣고로 그 뿌리를 잘라 한 박자 쉴 줄 알아야 한다. 그렇지 못하면 전생에 자기가 지은 업장業障 속에 쌓아 놓았던 인습因習을 여과 없이 재연再演할 수밖에 없고, 결국은 극한 충동으로 이어져 평생을 후회의 나날 속에 살게 되는 것이다.

금강경에 이르시길,

아어왕석절절지해시我於往昔節節支解時
약유아상若有我相 인상人相 중생상衆生相 수자상壽者相
응생진한應生嗔恨이라.

"옛날 가리왕에게 몸을 베이고 마디마디 사지를 찢길 적에, 만약 나라는 생각 등이 있었다면 응당 성내고 원망하는 마음을 내었을 것이니라."

모든 화禍는 '나' 라는 아상我相이 만들어 내는 것이다.
한산寒山 스님 시에 이르기를,

진시심중화嗔是心中火
능소공덕림能燒功德林
욕행보살도欲行菩薩道
인욕호진심忍辱護眞心이라.

"성내는 마음인 분노는 탐·진·치貪瞋癡 삼독심三毒心에서 나오는 마음속의 불이라서 조금씩 쌓아놓은 공덕의 숲을 태워 민둥산을 만들어 버린다." 그러므로 "보살도를 행하고자 하거든 인욕으로 참 마음을 잘 지키라."는 말이다.

화禍는 억지로 참고 마음속에 눌러놓으면 그대로 의식意識 속에 자리 잡아 각종 질병의 원인이 되는 것은 물론 업業이 되고 만다.

이뭣고 수행이 필요한 것도 이 때문이다. 수적석천水滴石穿 이라. 처마 밑의 낙숫물이 바위를 뚫듯이, 꾸준한 인내忍耐를 가지고 수행하다 보면 크게는 금생에도 업장소멸을 이루어 생사生死가 없는 본래本來 진면목眞面目과 하나 되는 날이 올 것이다.

위법망구爲法忘軀

제행무상諸行無常 시생멸법是生滅法
생멸멸이生滅滅已 적멸위락寂滅爲樂이라.
"세상의 모든 행은 무상하니 이것을 생멸의 이치라 한다. 이 생멸이 다 소멸되고 나면 적멸의 즐거움이라 한다."

열반경에 나오는 사구게이다.
전생의 세존이 설산 동자로 수행할 때였다. 험한 바위 밑에 이르렀는데 문득 한 구절 게송이 들려왔다.

"모든 것은 무상하니 이것이 생멸의 이치라네."

동자는 이 구절을 듣자 놀란 마음에 게를 읊은 이를 찾아보았다. 그곳에는 험악한 나찰만 있을 뿐 아무도 없었다. 당신이 게송을 읊은 이냐고 묻자 나찰은 그렇다고 했다. 동자는 다음 구절도 읊어 줄 수 있느냐고 물었다. 나찰은 머리를 가로저었다.

"배가 고파서 더는 들려 줄 수가 없소."

동자가 나머지 구절을 들려주면 "내 몸을 공양하겠다."고 하니, 나찰이 남은 게송을 읊었다.

"생멸이 다하고 나면 적멸의 즐거움이라."

뒷 구절에서 깨달음을 얻은 동자는 기쁜 마음으로 나찰의 먹이가 되고자 바위 위에서 몸을 날렸다.

그러자 나찰이 제석천으로 변하여 동자의 몸을 받았다. 애당초 나찰은 설산 동자의 수행을 시험하기 위해 몸을 바꾼 제석천이었던 것이다. 경은 설산 동자가 법을 구하기 위해 몸을 버린[위법망구] 이 공덕으로 12겁을 빨리 성불成佛할 수 있었다고 말한다.

이렇듯 깨달음의 길이란 크게 죽지 않으면 크게 이룰 수 없는 길이다. 중생은 하루하루, 평생을 기쁨과 괴로움 사이에서 오가다가 결국에는 끝없는 윤회의 굴레 속으로 들어가 한 생을 마치고 만다. 그렇다면 내게 남아 있는 소중한 시간을 어떻게 보낼 것인가.

불자라면 모름지기 금생성불成佛이라는 큰 원력을 세워야 한다. 그리하여 다생겁래多生劫來로 이어온 업장을 나의 현생現生, 바로 지금의 삶 속에서 소멸시켜야 한다. 이것야말로 위 밥망구를 실현하는 길이다. 그리고 그 지름길이 '내가 누구인가?'를 화두로 삼는 이뭣고 수행인 것이다.

흙덩이를 던지면 개는 그것을 쫓아가지만, 사자는 던진 사람에게 달려든다.

둘째 마당

우리 모두가 본래불本來佛이다

마음자리 본래의 성품은 맑고 밝음을 떠난 적이 없다.

심즉시불心卽是佛 ● 마음이 곧 부처

마조도일(馬祖道一, 709~788) 스님은 홍주 땅에서 선문의 제일인자로 소문이 자자했다.

역유수작권권전수亦猶手作拳拳全手라.

"손을 쥐면 주먹이지만 펼치면 손"이 되듯이 마조 스님은 에둘러 말하지 않고 핵심을 곧장 치고 들어가는 방법으로 수좌들을 일깨웠다.

일찍부터 마조 스님의 소문을 들은 분주(冷州無業, 760~821) 스님이 기꺼이 먼 길을 찾아가 스님을 뵈었다. 육척장신인 분주의 풍채는 마치 태산이 서 있는 것처럼 당당하였다. 분주를 본 스님은 그가 법기임을 알아차리고 한 말씀 던졌다.

"불당佛堂은 당당한데 그 안에 부처가 없군."

그러자 분주가 예배하고 말하였다.

"삼승三乘의 가르침은 거의 다 배웠습니다. 그러나 스님의, '마음이 곧 부처[心則是佛]'라는 말은 전부터 들어 알고는 있습니다만, 아직은 그것에 대해 아는 것이 아무것도 없습니다. 바라옵건대 부디 저에게 그 도리를 말씀하여 주십시오."

스님이 답하였다.

"모르는 마음, 그것이 바로 부처이다. 그 이외에 특별한 것은 아무것도 없다. 모르면 미혹이지만 알면 곧 깨친 것이다. 미혹하면 중생이고 깨치면 바로 부처이다. 그러므로 중생을 떠나 따로 부처가 있는 것이 아니다. 마치 손을 쥐면 주먹이 되지만 이를 펴면 다시 손이 되는 것과 같은 것이다."

이 말에 분주 스님은 흔연히 깨달았다. 그는 눈물을 펑펑 쏟으며 선사에게 말하였다.

"지금까지 저는 불도佛道란 까마득히 먼 곳에 있어서 끊임없이 정진하고 정진하여야만 비로소 얻을 수 있는 것으로만 생각하고 있었습니다. 그러나 이제, 법신法身 그대로가 본래부터 내 안에 갖추어져 있다는 것과 일체의 모든 것은 마음으로부터 생겨나 오직 그 이름만 있을 뿐이라는 사실을 분명히 깨달았습니다."

이에 마조 스님은 더욱 자상하게 설명한다.

"그렇다, 그렇고 말고. 마음의 본성은 불생불멸이며 일체의 모든 것은 원래부터 공적空寂할 뿐이다. 그러므로 경전에서 이르기를, '모든 것은 처음부터 늘 열반에 든 모습을 하고 있다.'고 하는 것이다."

조선 명종대明宗代 승과僧科 시험이 부활되었을 때의 일이다.

선종 대상의 선시選試 과제로, "본래청정本來淸淨한데 홀생무명忽生無明인가?"라는 문제가 출제되었다.

즉 "본래 청정한데 왜 무명업장이 생기기 시작했느냐?"는 것이다.

이 선시에서 장원급제한 스님이 서산 대사였다.

스님의 답은 "본래청정본本來淸淨本"이었다 한다.

다만 깨닫지 못해서 그럴 뿐, "우리가 다 본래 부처"라는 부처님 말씀을 다시 한 번 확인한 것이다.

우리 모두가 본래불本來佛

대승기신론大乘起信論은 일심一心을 진여문과 생멸문으로 나누어 설명한다. 진여문眞如門은 마음의 본성本性이니 본래 맑은 물과 같고, 생멸문生滅門은 마음이 만든 현상으로 파악하고 있다. 본래는 맑은 물이지만 갖가지 음료로 변하는 현상처럼 마음 또한 그러하다는 것이다.

일심一心은 여래장如來藏이다. 일심의 체體는 본각本覺이지만 무명無明을 따라 움직이며 생멸生滅한다. 때문에 여래의 본성本性은 숨어 나타나지 않으므로 여래장如來藏이라 하는 것이다.

맑고 깨끗한 청정법신淸淨法身은 모든 시비是非와 분별分別이 끊어진 부처님의 마음자리이고, 조금도 부족함이 없는 원만보신圓滿報身은 그 자리에서 드러난 부처님의 지혜智慧이며, 인연因緣따라 수없이 몸을 나투는 천백억화신千百億化身은 중생의 부름에 응應하여 나타나는 부처님의 행行이다. 현상계의 유정 · 무정의 모든 생명체가 그대로 석가모니 부처님이다.

장안만리천만호長安萬里千萬戶
고문처처진석가敲門處處眞釋迦라.
"내 마음의 집 천만 호인데, 두드리는 문마다 나오는 사람
모두가 석가모니 부처님이네."

화엄경 여래출현품 중에 이르시길,

기재기재奇哉奇哉 보관일체중생普觀一切衆生
구유여래지혜덕상具有如來智慧德相
단이망상집착但而妄想執着 이불증득而不證得이라.
"기특하고 기특하도다. 널리 일체중생을 살펴보니, 여래의
지혜덕상을 똑같이 갖추고 있건만 단지 망상과 집착 때문에
깨닫지 못하는구나."

부처님께서 적멸 도량 가운데서 처음으로 정각正覺을 이루
시고 하신 말씀이다. 망상과 집착만 여의면 우리들 또한 부
처님과 똑같은 본래불本來佛임을 강조하신 것이다.
금강경오가해金剛經五家解에서 말했다.

아가문我迦文 득저일착자得這一着子
보관중생普觀衆生 동품이미同稟而迷

탄왈기재歎曰奇哉 향생사해중向生死海中

가무저선駕無低船 취무공적吹無孔笛

묘음동지妙音同地 법해만천法海萬天

어시於是 롱애진성聾騃盡醒 고고실윤枯槁悉潤

대지함생大地含生 각득기소各得基所라.

"세존께서 이 한 물건을 깨닫고, 중생들이 모두 똑같이 이
것을 받아 지니고 있으면서도 미迷한 채 있는 것을 널리 살피
고 탄식하시되, '기이한 일이로다' 하시고, 생사의 바다 한
가운데를 향해 밑바닥 없는 배를 타시고 구멍 없는 피리를 불
어 묘음妙音이 땅을 진동시키니 법法의 바다가 하늘까지 넘쳤
다. 이에 귀먹고 어리석은 범부들이 깨어나고 마른 나무들이
윤택하게 되어 땅이 품고 있던 생명들이 제각기 그 자리를 얻
었노라."

저 묘음妙音의 본체本體가 바로 이뭣고이다.

진여자성眞如自性의 마음자리를 무심無心 또는 공성空性이라
한다. 무심이란 마음이 없다는 것이 아니라, 범부凡夫의 집착
執着하는 마음이 없다는 것이다.

반야般若란 일체의 사량분별思量分別을 떠난 부처의 지혜이다.

종경록宗鏡錄에 이르기를,

"선정禪定은 자심自心의 본체요, 지혜는 자심의 작용이다."
고 했다.

선정이 곧 지혜이기 때문에 본체는 작용을 떠나지 않고, 지혜가 곧 선정이기 때문에 작용은 본체를 여의지 않는다는 것이다.

　이로 보면 참선수행의 요체는 본체와 작용을 어떻게 직관直觀하느냐에 달려있다고 볼 수 있다. 그렇다면 본체는 어떻게 그 작용을 드러낼까?

　금강명경金剛銘經은,

　"부처의 참된 법신은 허공과 같다. 사물에 응하여 형체를 나타내는 것이 물속에 비친 달과 같다."고 했으며,

　대승기신론에서는,

　"깨달음의 의미는 마음의 본체가 번뇌煩惱 망념妄念을 여읜 것이며, 망념을 여읜 모양은 허공계와 같아서 두루하지 않는 곳이 없기에 법계의 한 모양[一相]이니, 이것이 여래의 평등 법신이다."고 했다.

　마조어록馬祖語錄 또한,

　"번뇌에 얽혀 있을 때[중생심]는 여래장이며, 번뇌 망념을 벗어나면 청정법신이라 한다."고 했다.

　법신法身은 깨달음의 지혜작용이며, 법계法界에 두루하여 한 모양一相, 한 맛一味으로 작용한다. 하지만 중생의 지혜로는 볼 수가 없다. 이뭣고 화두참선이 필요한 연유가 여기에 있는 것이다.

중도中道가 부처이다

당대唐代의 대주(大珠慧海, ?-?) 스님에게 한 학인이 물었다.
"어떤 것이 중도中道입니까?"
"중간이 없으며 또 양변이 없는 것이 중도中道니라."
"어떤 것이 양변입니까?"
"저 마음이 있고 이 마음이 있음이 곧 양변이다. 밖으로 소리와 색에 묶이는 것을 저 마음이라 하고 안으로 망념이 일어나는 것을 이 마음이라 한다. 밖으로 색色에 물들지 아니하면 저 마음이 없다고 하고, 안으로 망념이 일어나지 아니하면 이 마음이 없다고 하는 데, 이것이 양변이 없는 것이다. 마음에 이미 양변이 없거니 중간이 어찌 있을 수 있겠는가? 이와 같이 얻은 것을 중도中道라 하며 여래도如來道라 한다."

선악善惡과 시비是非를 취사取捨하면 변견邊見에 떨어질 수밖에 없다. 그러나 선善도 취하지 아니하고 악惡도 버리지 아니하여, 깨끗한 것과 더러운 것의 양변을 떠나면, 죄성罪性의 공空함을 보려고 해도 볼 수 없음을 통달한다. 변견으로 볼 때는 마군은 나쁘고 부처는 좋은 것이지만, 죄성본공罪性本空을 확철히 깨치면 이것이 부처이고 중도中道인 것이다. 죄의 본성이 공空하다는 것은 자성청정과 같은 의미이다. 상견常見이나 단견斷見에 치우쳤을 때는 죄성罪性이 보이지만, 중도中道를 깨치고 나면 죄성조차 남지 않는 본래공本來空일 뿐이다.

자성自性이 없는 까닭에 삼계三界가 유심唯心이고 삼라만상이 한 법法의 인印이다. 무릇 색을 본다는 것은 마음을 보는 것이다. 하지만 마음은 스스로 있는 마음이 아니다. 색色이 있기 때문에 마음이 있으며, 마음에서 나는 바를 색色이라 이름하니, 색色이 공空함을 아는 까닭에 생生이 곧 불생不生이 되는 것이다.

위에서 말한 삼계유심이란 자성청정심을 말한다. 일체 만법이 다 공空하여 쌍차雙遮 쌍조雙照하며 진공眞空으로 묘妙하게 작용하는 데, 이것을 마음이라 하고 중도라 한다. 삼라만상이 모두 쌍차쌍조해서 차조遮照가 동시라는 것으로, 원융자재하여 일체에 두루한 마음이기에 중생의 변견과는 다르다.

그래서 색色을 보는 것이 마음을 보는 것이고 중생을 보면 부처를 보는 것이다. "마음 밖에 부처가 따로 없고 부처 밖에 다른 마음이 없다."고 한 까닭이 여기에 있다. 마음이 부처이고 부처가 마음이다.

증도가證道歌에 이르기를,

환취기관목인문喚取機關木人問
구불시공조만성求佛施功早晩成이라.

"기관목인을 붙들고 물어보라. 부처 구하고 공 베풂을 조만간 이루리라."

기관목인이란 나무로 사람을 만들어서 인형극을 하듯이,

나무사람을 움직이는 것을 말한다. "기관목인에게 물어보라."는 것은 곧 나무장승에게 물어보라는 뜻이다.

목인방가木人放歌 석녀기무石女起舞라.

"나무장승이 노래 부르고 돌 여자가 일어나 춤을 춘다."고 했다.

약실무생若實無生 무불생無不生이라.

"나지 않는 것이 나는 것이니, 나지 않는 것이 없다."

참으로 나는 것이 없으면 곧 나는 것이라는 말이다. 이렇게 될 때 쌍차가 곧 쌍조이며 쌍조가 곧 쌍차가 되어 차조동시遮照同時를 이루는 것이다. 즉, 나무장승 그대로가 산 사람이며 산 사람 그대로 나무장승이 되어야만, 원융무애한 구경법이 되는 것이다.

중생은 사량분별을 근본생명으로 삼는다. 그러나 이것이 다 떨어지면 무정물인 나무장승이나 돌 여자와 다를 바 없다. 그렇게 저 무생물처럼 대무심大無心이 되면 그때 비로소 진여眞如의 무진 묘용妙用이 살아나게 되는 것이다.

그것이 바로 나무장승이 말을 하고 돌 여자가 일어나 춤을 추는 경계의 소식이다. 사중득활死中得活이라. 죽음 가운데 삶을 얻고, 대사각활大死却活이라. 크게 죽은 뒤에야 '참나'가 다시 살아나는 법이다. 이렇게 다시 살아날 때 진여묘용眞如妙用이 현전하는 것이다.

중도실상中道實相

중도란 시비선악是非善惡과 같은 모든 상대적相對的 대립對立의 양쪽을 버리고 그 모순과 갈등이 상통相通하고 융합融合하는 절대絶對의 경지境地이다. 양 극단이 융합하여 시是가 곧 비非요 비가 곧 시이며, 선善이 즉 악惡이요 악이 즉 선이니, 이것이 원융무애圓融無碍한 중도의 진리眞理이다.

만법이 혼연 융합한 중도의 실상實相을 바로 보면 모순과 갈등, 대립과 투쟁은 자연히 소멸될 수밖에 없다. 융합 자재한 일대단원一大團圓이 있을 뿐이다. 대립이 영영 소멸된 이 세계는 모두가 중도 아님이 없어서 부처님으로 가득 차 있으니 이 중도실상中道實相의 부처님 세계가 우주의 본래 모습이다.

또한 중도란 있음有도 아니고 없음無도 아니다. 비유비무非有非無라. 있는 것과 없는 것을 떠나버렸다. 그러나 거기서 다시 유무가 살아나므로 역유역무亦有亦無이다. 이제합명중도설二諦合明中道說로 불리는 이 논리에 따르면, 부정에 부정을 거듭하면 삼차원三次元의 상대적 유무는 완전히 없어지고 사차원에 가서는 서로 통하는 유무가 일어남으로 해서 대긍정의 세계가 열리게 된다.

마하지관摩訶止觀에 이르기를,

심즉명정쌍차이변心卽明淨雙遮二邊

정입중도쌍조이제正入中道雙照二諦라.

"마음이 맑고 깨끗하면 양변을 쌍으로 막고, 정히 중도에 들면 이제를 쌍으로 비춘다."

도道를 많이 닦아서 마음이 깨끗해지면, 마음 또한 자연히 밝아지게 된다. 그래서 번뇌 망상이 하나도 없이 유리알과 같이 깨끗해지면 양변을 여읜다는 뜻이다. 그런 동시에 정히 중도에 들어가면 진재와 속재 즉, 이제를 쌍으로 비춘다는 말이다.

마음이 밝아지고 확철히 도道를 깨치면 쌍으로 이변을 막아버린다는 것은 이변을 초월했다는 말이다. 그것은 곧 중도에 들어간 것이고, 중도에 들어감으로 해서, "이제를 쌍으로 비춘다."고 했으니, 이는 진속이 서로 통한다는 말이다. 이제, 즉 진眞과 속俗이 서로 합하고 선과 악이 서로 합하여 융합한다는 것이다. 이렇게 차별적인 선악과 유무를 완전히 초월하는 동시에 완전히 융합하는 것을 중도中道라 하며, 이것을 일승원교一乘圓敎라 한다.

비유해 보면, 하늘에 구름이 끼어 있으면 해가 안 보이지만 구름이 걷히면 해가 드러나는 것과 같다. 양변을 초월한다는 것은 '구름이 걷힌' 상태이며, 양변이 서로 통한다는 것은 '해가 드러난' 상태이다. '구름이 걷혔다' 하면 '해가 드러났다'는 말이 되고, '해가 드러났다' 하면 '구름이 걷혔다'는 말이 되니, 차와 조가 둘이 아닌 것이다. 그래서 쌍차쌍조, 즉 쌍으로 초월하고 쌍으로 비추니, 쌍으로 통한다는 것은 초월한다는 뜻이다.

청량(淸涼澄觀, 738-839) 스님이 화엄경청량소華嚴經淸涼疏에서 이르기를,

즉조이차卽照而遮 즉차이조卽遮而照

쌍조쌍차雙照雙遮 원명일관圓明一貫 계사종취契斯宗趣라.

"비추며 막고 막으며 비추니, 쌍으로 비추며 쌍으로 막아 원명하게 일관하면 이 종취에 계합한다."

화엄경의 종취를 밝힌 부분이다.

즉조이차卽照而遮라. 곧 비추면서 막으니 모든 것을 초월했다는 말이다. 그런 동시에 즉차이조卽遮而照라. 모든 것을 융통한다는 말이니, 모든 것을 초월할 때 모든 것이 다 융통하고, 모든 것이 융통할 때 모든 것을 다 초월한다는 말이다. 그러므로 쌍차쌍조가 되어, 쌍으로 통하고 양변을 다 초월한다. 그렇게 모든 것이 다 원만하며 구족한 것[圓明]을 한결같이 본다[一貫]고 한다면 계사종취契斯宗趣라. 화엄의 종취에 맞는다는 말이다. 청량 스님이 화엄의 종취를 쌍차쌍조에 두고 있음을 밝힌 대목이다.

천태 스님 또한 "중도란 것은 쌍차쌍조이니 이것을 바로 알면 중도인 동시에 일승이고, 원교이고, 법화의 도리이다."고 했다.

이와 같이 온 시방세계는 있는 그대로가 항상하는 상주법계이며, 걸림이 없는 무애법계이며, 하나의 참 진리의 세계인 일진법계이다. 이것을 무장애법계라 하고 또 일승법계라고도 한다.

마음의 눈을 뜬다는 것은 결국 자기자성을 본다는 뜻이다. 이것을 견성見性이라 하는 데, 이렇게 견성을 해야만이 바르게 중도실상中道實相을 볼 수 있다.

산시산山是山이요 수시수水是水라.

이때서야 비로소 "산은 산이요 물은 물이다."는 실상을 보는 것이니, 이 이전 소식은 전부 망상일 뿐이다. 그럼에도 허상虛想을 보며 그것이 실상이라는 착각 속에서 살아가는 게 중생이다.

옛 게송에 이르기를,

몽답만경몽무형夢踏萬境夢無形
월조천강월무심月照千江月無心
무형무심시실상無形無心是實相
몽각천하월장명夢覺天下月長明이라.

"꿈에 만 가지 형상을 밟아도 꿈은 형상이 없고, 달이 천강을 비추되 달은 마음이 없더라. 형상이 없고 마음도 없는 것이 실상이나니, 꿈을 깬 천하에는 달빛만이 길이 밝더라."

수행자가 온갖 어려움을 견디면서 오랜 세월에 걸쳐 수행하는 것은, 마음의 눈이 열려야만 만법萬法이 혼연 융합하는 중도의 실상을 바로 볼 수 있기 때문이다. 그리하여 꿈을 깬 자만이 '나' 자신이 무시無始 이래로 성불成佛해 있음을 알 수 있기 때문이다.

중도실상中道實相을 보는 눈은 거울처럼 맑아야 하고 태양보다 더 밝아야 한다. 그러나 그것은 밖에서 얻어지는 것이 아니다. 마음자리 본래의 성품은 맑고 밝음을 떠난 적이 없다.

불상에 침을 뱉다

앙산어록仰山語錄의 이야기이다.

한 행자가 법사를 따라 법당에 들어오더니 불상에 침을 뱉었다. 법사가 힐난하며 나무랐다.

"행실을 조심해야 할 행자가 왜 부처님께 침을 뱉느냐?"

그러자 행자가 답했다.

"그럼 부처님이 계시지 않은 곳을 말씀해 주십시오. 그러면 그곳에다 침을 뱉겠습니다."

법사는 대답할 말을 찾지 못했다.

뒤에 이 말을 전해 들은 위산(潙山靈祐, 771-853) 스님이 말했다.

"어진 사람이 오히려 어질지 않게 되고 어질지 않은 자가 오히려 어질게 되었구나."

그러자 앙산(仰山慧寂, 803-887) 스님이 법사에게 말했다.

"먼저 행자에게 침을 뱉어라. 그리고 만약 행자가 무엇이라고 하거든 이렇게 말하라. '나에게 침을 뱉을 수 있게 행자가 없는 곳을 보여달라.'고."

삼천대천세계 진진찰찰이 진불眞佛의 세계이고, 온 세상에 법신法身이 가득 차 있다. 이를 나름대로 이해한 행자가 불상에 침을 뱉었고 거기에 법사가 꼼짝없이 걸려든 것이다.

그러나 침과 불상이라는 것을 통해 이미 염정染淨이 구분되어 있다. 또 일체가 한 몸이고 부처佛이고 보면 불상에 침을 뱉은 것은 결과적으로 행자 자신에게 뱉은 것이다.

가섭迦葉의 찰간공안刹竿公案

도각문전찰간착倒却門前刹竿着이라.

사량분별思量分別을 던져 버리라는 말이다. 찰간은 절에서 설법할 때 대중에게 알리기 위해 깃발을 달아 세운 깃대를 말한다.

아난이 가섭존자에게 물었다.

"부처님께서 금란가사를 전하셨다고 하는 데, 그때에 금란가사 외에 또 다른 무엇을 전하셨습니까?"

이에 가섭이 "아난아!" 하고 불렀다.

엉겁결에 "예!" 하고 대답하니, 가섭이 말했다.

"문 앞에 있는 찰간을 꺾어 버려라."

도각문전찰간착倒却門前刹竿着이라. 금란가사를 전했다느니 말았느니 하는 일체의 사량분별을 끊어 버리라는 것이다.

전삼삼前三三 후삼삼後三三 ● 지금 바로 여기

무착문희(無着文喜, 821-900) 스님이 문수보살을 친견하려고 오대산을 참배하고 기도할 때였다. 양식이 떨어져 산 아래로 내려가 탁발을 해 돌아오는데 산 입구에 들어서니 한 노인이 소를 거꾸로 타고 산을 내려오고 있었다. 범상치 않은 모습에 이끌려 노인을 따라가니 노인이 물었다.

"어디서 왔느냐?"

"남방南方에서 왔습니다."

"남방의 불법은 어떻게 행行하는고?"

"말세 중생이 계행이나 지키면서 중노릇을 하고 있습니다."

"절에는 몇 사람이나 모여 있는고?"

"혹은 삼백, 혹은 오백 명이 모여 살고 있습니다."

이번에는 무착이 물었다.

"여기는 어떠합니까?"

"범부와 성인이 같이 살고, 용과 뱀이 섞여 살고 있지."

"그 숫자는 어떠합니까?"

그러자 노인이 답했다.

"전삼삼前三三 후삼삼後三三이지."

무착은 도무지 무슨 뜻인지 알 수가 없었으나 잠자코 물러 나왔다. 그리고 날이 어두워지자 자신을 안내하는 동자에게 그 뜻을 물었다.

순간, 동자가 큰 소리로 불렀다.

"무착아!"

"네!"

무착이 엉겁결에 대답하자 동자가 물었다.

"그 수효가 얼마나 되는고?"

무착은 또 다시 말문이 막혀 동자의 얼굴만 바라볼 뿐이었다.

전삼삼 후삼삼이란 앞과 뒤를 떠나서 보면 '지금 바로 여기'를 말한다. 인식認識의 틀에서 벗어나 시공時空을 초월한 자리로 여기가 바로 중도中道이고 진아眞我이며, '시是'의 자리, 즉 이뭣고의 경계인 것이다.

배휴, 어디에 있는고?

홍주자사로 있던 배휴(裵休, 791~864)가 용흥사龍興寺에 왔을 때였다. 벽에 그려져 있는 고승들의 벽화를 보다가 안내하는 스님에게 물었다.

"벽화에 그려져 있는 상상像은 그럴 듯한데, 저 고승들은 지금 어디에 있소?"

스님이 대답을 못하고 쩔쩔매자, 배휴가 물었다.

"이 절에는 선사禪師가 없소?"

"근래에 한 스님이 오셨는데, 선승禪僧 같이 보입니다."

이 선승이 황벽(黃檗希運, ?-850) 스님이었다. 스님은 백장 (百丈懷海, 749-814) 선사의 법법法을 받은 뒤 여러 곳을 다니다가 신분을 숨기고 이 절에 머무르고 있었다.

배휴는 황벽 스님을 불러 오라 하여, 다시 물었다.

"지금 저 벽에 그려진 고승들은 어디에 있소?"

그때 황벽 스님이 느닷없이 "배휴!"하고 우렁차게 불렀다.

"예?"

배휴는 자기도 모르는 새에 대답하고 말았다. 그러자 말이 떨어지기가 무섭게 스님이 또 물었다.

"그대는 지금 어디에 있는고?"

이에 언하대오言下大悟라. 배휴는 언하에 크게 깨달음을 얻고 그 자리에서 선사에게 귀의하여 제자가 되었다.

유리병 속의 거위

육긍(陸亘, 764-834) 대부大夫가 남전(南泉普願, 748-835) 스님

에게 물었다.

"옛날 어떤 농부가 유리병 속에 거위를 한 마리 키우고 있었는데, 그 거위가 자라서 몸집이 커져서 병 밖으로 꺼낼 수가 없었습니다. 스님이라면 병을 깨거나 거위를 다치게 하지 않고, 병 속에 든 거위를 어떻게 꺼내시겠습니까?"

육긍이 말을 마치자, 남전 스님은 곧바로 육긍을 불렀다.

"대부!"

육긍이 어사대부를 지냈으므로 스님은 그렇게 부르곤 했다. 대부가 "예." 하고 대답하니, 스님이 답했다.

"벌써 나왔소."

그 순간 육긍은 깨달음을 얻었다.

모든 형상은 본질本質에서 비롯된다. 본질의 주인공인 마음은 자신의 몸에 구속되었던 적이 없다. 거위 또한 병 속에 들어간 적이 없다. 다만 그렇게 생각했을 뿐이다.

정전백수자庭前栢樹子 ● 뜰 앞의 잣나무

한 학인이 조주(趙州從諗, 778-897) 스님에게 물었다.

"달마조사가 서쪽에서 오신 뜻은 무엇입니까?

"뜰 앞에 잣나무이다."

우주宇宙 삼라만상森羅萬象 두두물물頭頭物物 유정무정有情無情 그 모두가 불성을 갖추고 있으니 부처 아닌 것이 없다. 그러나 중생은 겉모습인 잣나무로만 볼 뿐, 잣나무의 본질인 불성은 보지 못한다. 그러나 잣나무의 본체를 그대로 보였으니 조사서래의祖師西來意는 이미 사구死句가 되고 말았다.

지혜智慧는 글을 아느냐 모르느냐에서 나오는 것이 아니다. 글의 상相을 넘어서, 글이 지시하는 무상성無相性을 깨달아야 지혜인 것이다. 참선參禪은, 자성自性에 합하여 청정심을 보양할 뿐 밖으로 치달려 구求하지 않는다.

수도지인修道之人 절막외구심切莫外求心이라.
"수도하는 이가 밖을 향해 공부를 짓는 것은 한량없이 어리석은 짓이다."

밖에서 끌어온 것은 언젠가는 흩어지니, 오직 자기 자성自性에서 진리眞理를 깨쳐야 한다는 말이다.
육조 스님이 말했다.

"마음이 어지럽지 않음이 자성自性의 선정이고, 마음이 어리석지 않음이 자성의 지혜이다."

참선의 목적은 마음을 밝히고 성품을 보는 것이다. 마음의 오염이 없어지면 진실로 자기 성품의 참모습을 볼 수 있다.

오염이란 망상妄想과 집착執着으로 이루어 진 것이고, 자기의 성품이란 여래의 지혜와 덕상이다. 이는 모든 중생과 부처님이 다 같이 갖추어 있으므로 다르지 않다. 다만 중생은 무한한 시간을 삶과 죽음에 빠져 오염汚染된 지 오래이므로 금생今生에 망상을 버리기란 거의 불가능하다.

참선參禪이 필요한 것도 이 때문이다. 수행자가 육근六根을 거두어들여 한 생각이 일어나는 곳을 이뭣고의 이[是]로 비추면, 생각을 떠난 청정한 바로 그 자리에 즉即하게 된다. 행주좌와 어묵동정에 비추어 직관하게 되면 곧바로 5온五蘊이 공空하고 몸과 마음이 함께 고요하여 마침내 자성自性을 보고 부처를 이루게 된다.

부처님께서 아난존자에게 말씀하셨다.

"설사 억천만 겁 동안 나의 깊고 묘한 법문을 다 외운다 해도 단 하루동안 도道를 닦아 마음을 밝힘만 못하느니라. 내가 아난과 같이 멀고 먼 전생부터 같이 도道에 들어 왔다. 그러나 아난은 항상 글을 좋아하여 글 배우는데 힘썼기 때문에 이제까지 성불하지 못하였다. 그러나 나는 힘써 도道를 닦았기 때문에 벌써 성불成佛하였다."

부처님께서 닦은 도는 마음을 닦는 법이며, 이 법은 자신의 내면을 통찰하는 참선과 다를 바 없다.

학문으로 얻은 지식智識이 한계가 있어서 그 빛이 반딧불과 같다면, 참선하여 마음을 깨친 지혜智慧는 한이 없어 태양과 같이 밝게 빛난다.

서산 대사 이르기를,

아유일권경我有一卷經 불인지묵성不因紙墨成
전개무일자展開無一字 상방대광명常放大光明이라.

"나에게 한 권의 경이 있으니, 종이와 붓으로 쓴 경이 아니어서 한 글자도 없으나, 펼쳐 보이니 항상 우주에 대광명을 놓는구나."

성철(性徹, 1912-1993) 스님 또한,

"팔만대장경으로 전 우주를 장엄莊嚴하여도 그 가운데 자성自性을 깨친 도인道人이 없으면 그것은 송장에 단청丹靑한 것에 불과하다. 이는 모든 법法의 생명은 자성을 깨치는 데 있기 때문이다. 자성을 밝히는 선문禪門에서 볼 때는, 염불도 마구니이며 일체 경전을 다 외어도 외도外道이며 대자대비심으로 일체중생을 다 도와 대불사를 하여도 지옥귀신이다. 이 모두가 생사법이지 생사를 벗어나는 길은 못되는 것이니, 오직 우리 중생은 자기자성을 밝히는 길만이 사는 길이다."고 했다.

나옹(懶翁惠勤, 1320-1376) 스님도,

"한 생각 일어나고 한 생각 멸멸滅하는 것을 생사生死라 하니, 생사에 즈음하여 힘을 다해 화두를 들면 생사가 곧바로 다할 것이다. 생사가 곧바로 다한 것을 적寂이라 하고, 적 가운데 화두가 없는 것을 무기無記라 하며, 적 가운데 화두가 어둡지 않는 것을 영靈이라 하니, 공적영지가 부서짐이 없고 혼잡이 없으면 곧바로 이룬다."고 했다.

탐진치 삼독심이 가라앉아 자성自性이 청정하면 깨끗한 거울이나 맑은 호수와 같다. 하지만 무기는 탁하고 분별심分別心에 끄달리는 마음이며, 무기성無記性이란 홀연히 일어나는 들뜬 마음이다.
서천 제22조 마라나摩羅那 존자가 제23조 학륵나(鶴勒那, ?-A.D. 209) 존자에게 설하여 오백 마리의 학鶴을 제도케 하신 송頌이다.

심수만경전心隨萬境轉 전처실능유轉處實能幽
수류인득성隨流認得性 무희역무우無喜亦無憂라.
"마음은 온갖 경계를 따라 구르고 구르는 곳마다 실로 능히 깊고 그윽하다. 흐름을 따라 경계에 머무르지 않고 맑고 고요한 성품을 증득하면 기쁨도 없고 근심도 없느니라."

저 경계에 끄달리지 않고 증득證得하는 유일한 길이 이뭣고이다.

만법귀일萬法歸一 일귀하처一歸何處

한 스님이 조주(趙州從諗, 778-897) 스님에게 물었다.
"만법이 하나로 돌아간다 하니, 그 하나는 어디로 돌아갑니까?"
스님이 답하길,

아재청주我在淸州 작일영포삼作一領布衫 중칠근重七斤이라.
"고향인 청주로 갔을 때 (만법이 하나로 같이 돌아왔기 때문에 자성自性의) 옷 한 벌 지어 입었는데, 그 무게가 일곱 근이로다."

승복僧服 한 벌의 무게가 7근인데, 그저 시원할 뿐이다. 이는 승복 입은 네가 진불眞佛이라는 것이다. 일즉일체一卽一切 일체즉일一切卽一이라. 하나 속에 전체가 들어있고, 전체가 곧 하나인 이뭣고 묘용을 체득體得한 것이다

마삼근麻三斤

한 학승이 동산(洞山守初, 910-990) 스님에게 물었다.
"어떤 것이 부처입니까?"
"마삼근이니라."

여기에서의 동산수초 스님은 조동종의 개창자인 동산양개 스님이 아니라 운문문언의 법을 이은 선사이다. 당시 삼 3근 으로 가사袈裟를 한 벌 만들어 입었는데, 승복을 입고 있는 네가 부처라는 것이다.

무진성해함일미無盡性海含一味
일미상침시아선一味相沈是我禪이라.

"다함이 없는 자성 바다는 한 맛이나, 그 한 맛까지 끊어낸 것이 나의 선이다." 일미는 즉 무애無碍이다. 일미가 되려면 서로 완전히 통해야만 한다. 무애란 색과 공이, 선과 악이 통해 있는 세계로 그것이 곧 중도中道이고 불생불멸이다. 양변을 완전히 여읜 무애법계는 만법귀일의 당처인 이뭣고이다.

덕숭총림 달하達河 방장스님의 법어 가운데 한 대목이다.

"자고 일어나면 먼저 와 있는 이 물건, 억 천만 년의 내가 먼저 와 있네. 보이고 들리는 우주의 법계성法界性이 통틀어 너요, 이뭣고 한 생각이 뿌리에 물을 주네. 내 육신 법당에 이뭣고 주불主佛이 확실해지면 머리에서 발끝까지 물이 흐르고 꽃이 핀다. 선불장에 대웅전이 중심이듯 사대육신에는 이뭣고가 중심이다. 육신 법당에 이뭣고 주불主佛이 갖춰지면, 지·수·화·풍 사대의 지地는 대지의 명당이요, 수水는 심청이 인당수의 큰 바다요, 화火는 뜨거운 태양이요, 풍風은 태초太初의 바람이다. 사대가 갖춰진 내 몸은 불가사의한 부처님이요, 백억 달마요, 사랑의 관세음보살이다.

이뭣고 주불主佛이 언제나 역력해서 맑은 바람, 뜨거운 불에 세상 역병疫病이 소멸되고 만사는 형통되네. 이 지심至心 이뭣고가 내 본사本師요, 부처님이다. 일체중생의 번뇌煩惱를 끊고 큰 행복과 열반涅槃에 들게 하는 오직 한 가지 일, 이뭣고!

…

금불은 용광로를 지나가지 못하고, 목불은 불을 건너지 못하고 토불土佛은 물을 지나가지 못한다. 용광로에도 녹지 않고 불에도 타지 않고 물에도 풀어지지 않는 진불眞佛을 조성하는 일은 오직 한 가지 이뭣고!

산승이 덕숭산에 처음 왔을 때 만공 스님이 이르기를, '만법이 하나로 돌아간다 하니 그 하나는 어디로 돌아가는고? 화두를 납자衲子가 쉽게 접근하게 하기 위해서 그 하나는 이뭣고다.' 하셨다.

그렇게 해서 몇 십 년의 세월이 흘러 지금에 이르렀지만, 결국은 이뭣고가 답이다."

조사서래의祖師西來意

중국 선종禪宗의 초조初祖 달마대사가 서쪽 땅 인도에서 동토 중국으로 공심空心을 가지고 건너온 까닭이 무엇인가? 즉 무엇이 선禪의 진리眞理이며, 불교의 근본이 무엇인가?

달마 스님은 경전이나 계율 등을 부인하고 심법心法을 가지고 불립문자不立文字로 관심일법觀心一法 총섭제행總攝諸行 직지인심直指人心 견성성불見性成佛을 내세우며, 단번에 자신의 성품을 보고 부처가 되게 하였다, 경經에 의지하지 않고 바로 마음을 깨치게 한 것이다. 공성空性을 전하기 위해 빈손으로 왔으며, 소림굴에서 9년 동안 면벽面壁하며 기연의 때가 이르른 뒤에야 제2조 혜가慧可 스님에게 이심전심으로 공심空心을 전했다.

당나라 숭혜(天柱崇慧, ?-779) 스님에게 학승이 물었다.

"조사가 서쪽에서 오시기 전에도 중국에 불법이 있었습니까?"

만고장공 일조풍월萬古長空一朝風月이라.

"만고에 변함없는 허공虛空에 하루아침의 바람과 달이니라."

태고부터 있어온 영겁永劫의 하늘에 어느 날 문득 바람 한 점 스쳐 지나가고 달빛 한 번 비친 것과 같다. 석가가 입을 열기 전에 불법은 이미 공겁空劫 속에 있다는 말이다. 부처님께서도 이미 말씀하셨다.

"이 진리眞理는 나도 그 어느 누구도 만든 것이 아니다. 여래가 세상에 나오기 전부터 이 진리는 항상하는 것이니, 여래는 다만 이 법法을 중생에게 설說할 뿐이다."

참선參禪 ● 일초직입여래지一初直入如來智

설두중현(雪竇重顯, 980-1052)이 송頌하기를,

일토횡신당고로一兎橫身當古路
창응재견변생금蒼鷹才見便生擒
후래엽견무영성後來獵犬無靈性
공향고춘구처심空向枯椿舊處尋이라.

"한 마리 토끼가 다니던 길에 나타나자마자 날쌘 매가 날
아와 산 채로 낚아 갔는데, 게으르고 미련한 사냥개 늦게 와
서 공연히 마른나무 밑동만 찾아 헤매네."

토끼 한 마리가 모습을 드러내자마자 눈 밝은 매 한 마리가
순식간에 낚아채 갔으나, 어리석은 개는 그 뒤에 흔적만 찾
아 헤매니, 그 꼴이 중생의 모습이다.

화두는 어떤 사량 분별도 허용하지 않는다. 언하에 곧장
진실을 드러내 보이는 것이다.

사자교인獅子咬人 한로축괴漢盧逐塊라.

"흙덩이를 던지면 개는 그 흙덩이를 쫓아 (밖으로) 가지만,
사자는 던진 사람[根本]에게 달려든다."

온갖 생각[妄想]을 쫓아 경계에 끄달려 가지 말고, 마음의

근본인 이뭣고, 시심마是甚麼의 '이[是]'를 직관直觀하라는 말이다. 한 생각 망념妄念이 일어나도 찰나에 이뭣고로 그 뿌리를 잘라 버려야 한다. 그리하여 망념을 따르지 않으면 목숨이 떨어질 때에도 업식業識에 얽매이지 않고, 혹 중음中陰에 있더라도 가는 곳이 자유로워 천상天上이나 인간人間에 마음대로 의탁할 수 있다.

정定과 혜慧가 쌍수雙修가 되고 본 성품을 여의지 않는 참다운 참선이 되려면, 이뭣고로 삼독심三毒心을 일으키는 생각의 뿌리를 생활 속에서 바로 제거하는 수행이 기본이 되어야 한다.

고려 말의 태고(太古普愚, 1301-1382) 스님이 말씀하시길,

점도오매일여시漸到寤寐一如時
지요화두심불리只要話頭心不離라.
"점점 오매일여한 때에 이르렀어도, 다만 화두 하는 마음을 여의지 않음이 중요하다."

또 동정일여動靜一如 — 일상 속에서 가고 오고 앉거나 말하거나 변함없이 화두를 놓치지 않아야 하고, 숙면일여熟眠一如 — 잠이 푹 들었을 때에도, 몽중일여夢中一如 — 꿈속에서도 일여一如해야 한다고 하였다.

원오극근(圓悟克勤, 1063-1135) 스님은 가석사료부득활可惜死了不得活이라 하여, "죽기는 죽었는데 살아나지 못했구나."하

여, 거기서 살아나 항상 깨어있음을 강조하였다.

화두참선은 그 언구에 떨어지면 어리석은 사냥개가 되고 만다. 일체중생 실유불성一切衆生悉有佛性이라. 우리가 본래 부처라는 신심信心이 바탕이 되고, 금생성불今生成佛의 원력을 세워 간절하게 정진해야 하는 까닭이 여기에 있다. 한 마음으로 행주좌와 어묵동정에 이뭣고 수행이 끊임없이 이어지는 그 자리가 오고 감이 없는 도솔천 내원궁이며, 이것이 곧 진심이 죽은 후에 가는 곳이다.

일초직입여래지一初直入如來智이고
직지인심견성성불直指人心見性成佛이다.

선禪에서는 돈오頓悟라. 돈頓이란 단박에 망념妄念을 제거하는 것이며, 오悟는 본래 공空해서 무소득이라, 얻을 바가 없다는 것이다.

부처님과 조사들은 법을 설할 때 근기에 따라 다양하게 보여 주었다. 꽃 한 송이를 들어 보이거나, 손가락 하나를 세워 보이기도 하고, 고함을 치거나, 몽둥이 한 번 내려치는 것으로 설법을 대신했다. 진짜는 설명이 필요 없다. 실상이며 무위이며 공성인 여래의 경지는 이뭣고로 바로 들어가기 때문이다.

화두는 어떤 사량 분별도 허용하지 않고 곧장 그 진실을 드러내 보인다. '간화看話'란 화두를 본다는 뜻이다. 화두 이뭣고는 방심放心하는 순간을 틈타 비집고 들어오는 온갖 상념想念들을 쳐내기 위한 유일한 방법이다. 또한 화두 이뭣고는 순간적으로 떠오르는 한 생각의 뿌리를 잘라 업장을 소멸시켜 버리는 절체절명의 유일한 무기인 금강보검이다.

네 눈앞에 있느니라

눈앞에는 차별된 어떤 법도 없으니, 형상과 마음이 있고 없음의 차별심을 가지고 보면 어디에 있어도 눈앞의 법을 보지 못한다.

한 남자가 만공(滿空月面, 1871-1946) 노사를 찾아 여쭈었다.

"불법이 어디에 있습니까?"
"네 눈앞에 있느니라."
"눈앞에 있다면 저에게는 어찌 보이지 않습니까?"
"너에게는 너라는 것이 있기 때문에 보이지 않느니라."
"스님께서는 보셨습니까?"
"너만 있어도 안 보이는데 나까지 있다면 더욱 보지 못하느니라."

남자가 다시 여쭈었다.

"나도 없고 스님도 없으면 볼 수 있겠습니까?"
그러자 노사께서 물었다.

"나도 없고 너도 없는데 보려고 하는 자가 누구냐?"

여기에서 우리는 중도中道가 부처님이라는 것을 깨달을 수 있다.

예장종경 스님이 송頌하기를,

보화비진요망연報化非眞了妄緣

법신청정광무변法身淸淨廣無邊

천강유수천강월千江有水千江月

만리무운만리천萬里無雲萬里天이라.

"보신과 화신이 진짜가 아니고 거짓인 줄 알라. 법신만이 청정하여 끝이 없다네. 천강에 물이 있으면 달 또한 천이요, 만 리에 구름 없으면 하늘 또한 만 리네."

법신法身은 공적空寂하여 동동動하지 아니하고, 보신報身은 위로도 명합明合하고 아래로도 응하니 화신은 근기를 알맞게 따른다. 또한 보화는 진眞이 아니라 전부 그림자이다. 진을 깨닫고 보면 그림자인 보화는 나지 않는 것이다. 모든 부처님들이 증한 것이 이 법을 증한 것이며 사람이 믿는 것도 이 법을 믿는 것이다. 믿음은 먼 전생부터 익혀 온 것이며 반드시 증할 것이 있으므로 마땅히 부처의 지혜와 덕을 이루는 것이다.

법신을 자성신이라고도 하는 데, 이는 진여의 체성이며 진리의 몸이란 말이다. 그러므로 법신은 만법의 체성이며 모든 진리의 의지처이자 모든 덕의 집합체이다.

기왓장으로 거울을 만들다

마전작경유유유磨甎作鏡諭有由
거불행혜재타우車不行兮在打牛라.

마조(馬祖道一, 709-788) 스님이 남악회양(南岳懷讓, 677-744) 선사의 회상에서 배울 때였다. 마조 스님은 앉아서 좌선만을 하고 있었다. 이를 눈여겨보던 스님이 하루는, 좌선을 하고 있는 마조 스님의 옆에 앉더니 기왓장을 소리 내어 북북 갈았다. 그러자 마조 스님이 물었다.

"기왓장을 갈아서 무엇을 하려고 하십니까?"
"거울을 만든다네."
"기왓장을 간들 어찌 거울이 되겠습니까?"
"기왓장을 갈아도 거울이 되지 못한다면, 좌선을 한들 어찌 부처가 되겠는가?"
"그렇다면 어떻게 해야 합니까?"
"소가 수레를 끌 때 수레가 가지 않으면 소를 때려야 하는가? 수레를 때려야 하는가?"

가소기우자可笑騎牛者 기우갱멱우騎牛更覓牛인고.

"우습구나, 소를 탄 자여. 소를 타고서 다시 소를 찾는구
나."

조선시대 소요 태능(消遙太能, 1562~1649) 스님의 게송 한 구
절이다.

지금도 장좌불와長座不臥를 하거나 결가부좌를 고집하는 참
선 납자가 적지 않다. 그러나 부처가 되고 싶다면 그 근본을
다스려야지, 육신만 다스려서는 부처를 이룰 수 없다. 그것
은 마치 벽돌을 갈아서 거울을 만들려는 것과 같으며, 수레
가 가지 않는다고 수레를 때리는 것과 같다.

밤새 철야정진을 한 어느 보살이 있었다.

정진을 끝내고 새벽 바람을 쏘일까 하고 밖으로 나왔다.
신발을 신으려다 보니 흰 고무신이 흙발에 밟혀 흙이 잔뜩 묻
어 있었다.

"어느 미친×이 남의 신발을 밟았어!"

그 순간만은 철야정진하던 마음도 어디 가고 없었다. 근본
을 다스린다는 것은 이렇듯 어려운 일이다.

파자소암婆子燒庵

한 노파가 토굴에서 혼자 정진하고 있는 암주庵主스님이 진

리를 깨쳐 광도중생廣度衆生하기를 바라며 지극정성으로 공양을 올리고 시봉하였다. 그렇게 20년이 지난 어느 날이었다. 노파는 예쁜 딸에게 공양 상을 가지고 가게 하면서, 은밀하게 한 가지 일렀다.

"토굴에 가서 스님 앞에 공양 상을 놓고는, 스님 무릎에 앉아 목을 끌어 안고, '스님, 이러한 때는 어떻습니까?' 하고 물어 보아라."

딸이 스님께 공양 상을 올리고 노파가 시키는 대로 하니, 스님이 냉랭하게 한마디 했다.

고목의한암枯木倚寒巖 삼동무온기三冬無溫氣로다.

"마른 나무가 찬 바위를 의지하니 삼동에 따뜻한 기운이 없구나."

딸이 돌아와서 노파에게 그대로 전했다.

그러자 노파는 화를 누루지 못하고, "내가 20년간 속인俗人 놈을 공양하였구나!" 하더니, 암주를 쫓아내고 암자마저 불태워 버렸다.

이 공안公案은 깊은 법문이어서 선문禪門에서도 아주 중요하게 취급하고 있다.

당 고종의 황후인 측천무후側天武后는 고종이 죽고 난 뒤 자기 아들도 죽여 버리고 여자로서 천자 노릇까지 한 여인이다. 그런 측천무후가 국사國師를 삼기 위하여 전국에 영令

을 내려 큰스님을 청請했는데, 오조 홍인의 제자 신수(神秀, 606~706) 대사와 혜안(惠安, 582~709) 스님이 그 대상이었다. 혜안 스님은 일자무식이지만 수행에 전념하여 자성을 깨친 분이고, 신수 대사는 홍인 선사의 상수上首제자로서 지식은 출중했지만 깨달음에는 이르지 못한 분이었다.

측천무후는 두 스님을 시험하고자 궁중의 목욕탕에서 예쁜 궁녀들이 시중을 드는 가운데 목욕을 하도록 했다. 궁녀들이 스님의 옷을 벗기고 때를 씻어드리는 동안 측천무후는 구멍을 뚫어 놓고 그 안을 엿보았다.

이때 신수 대사는 동動했지만, 혜안 스님은 부동不動하였으므로 무후는 혜안 스님을 국사國師로 모셨다.

이에 대하여 후일의 위산영우渭山靈祐 스님은, "목욕탕에서 젊고 예쁜 여자가 옷을 벗고 몸을 씻어줄 때 쇠로 만든 부처님도 진땀을 흘리지 않을 수 없다."고 했다.

참으로 확실히 깨친 도력道力이 있는 스님이 아니면 절대로 동動하지 않을 수 없다는 것이다.

그렇다면 앞의 공안公案에서 암주는 "마른 나무가 찬 바위를 의지하니 삼동에 따뜻한 기운이 없다."고 하여 절대로 동動하지 않음을 드러냈는 데, 그 노파는 어째서 '속인 놈'이라며 암자를 불 지르고 쫓아냈으며, 측천무후는 동動하지 않은 혜안 스님을 국사로 모셨는가?

일체의 모든 망상분별이 끊어진 무생無生과, 현상에 대한 미묘한 작용이 현현하고 있는 활용能用의 경계를 보아야 한다.

잇큐소준[一休宗純] 선사의 송頌

노파심위적과제老婆心爲賊過梯
청정사문여여처淸淨沙門與女妻
금야미인약약아今夜美人若約我
고양춘로갱생제枯楊春老更生梯라.

"노파심에 도적에게 사다리를 놓아주고, 사문沙門에게 젊은 여자 주었네. 오늘밤 미인美人이 내 품에 안긴다면, 말라죽은 고목古木나무에 새싹이 나리."

내 집 안의 물건을 도둑질해 가는 놈이 담을 넘어가다가 다칠세라 사다리를 놓아주고, 마른 고목나무에서 꽃을 피워 살려내는 무애자재無碍自在한 경지가 선사禪師의 삶이다. 자기 생각에 속는 것을 무명無明이라 하고, 자기 자신한테 속지 않는 자者를 선사禪師라 한다.

공안公案이란 말길과 생각을 끊는 교묘한 방편이다.

종교宗敎와 도덕道德은 다 같이 선善을 추구하지만, 선禪은 일반 상식의 틀에서 벗어난다. 즉 선善과 악惡의 취사선택取捨選擇을 뛰어넘는 공성空性인 무분별지無分別智의 경계이다.

남전참묘南泉斬猫

남전 스님의 회상에는 육칠백 명의 대중이 동승당과 서승당에 나누어 살면서 정진하고 있었다. 하루는 양당의 스님들이 고양이 한 마리를 두고 서로 자기네 고양이라고 우기다가 마침내 싸움이 벌어졌다.

뒤에 고양이 한 마리 때문에 다툼이 일어난 것을 안 남전 스님은 양당의 스님들을 전부 모이게 하고, 고양이와 칼을 가져오게 하였다. 그리곤 고양이를 잡아 높이 들고 말했다.

"대중 가운데 누구든지 한마디 바로 이르는 자가 있으면 이 고양이를 살려주겠지만, 만약 바로 이르지 못하면 이 칼로 고양이 목을 치겠다."

하지만 대답하는 사람은 아무도 없었다. 남전 스님은 지체 없이 고양이를 두 동강 내서 내버렸다.

그 일이 있고 난 뒤였다.

마침 밖에 나갔던 조주 스님이 돌아오니, 남전 스님이 오늘 있었던 일의 자초지종을 이야기하며 물었다.

"만일 그대가 있었다면 어찌 답하였겠는가?"

그러자 조주 스님은 두말 않고 자기가 신고 있던 짚신을 머리에 이고 방을 나가버렸다. 이에 남전 스님이 말했다.

"자네가 있었다면 고양이를 죽이지 않았을 것을."

남전 스님이 고양이를 들고 "이르라"고 한 뜻은 어디에 있으며, 조주 스님이 신발을 머리에 이고 나간 뜻은 또 무엇인가? 이것이 화두이다. 겉으로는 시끄러운 언쟁의 시비를 멈추게 하려는 행위였지만, 남전의 의도는 각자의 마음에서 일어난 분별심을 제거하려는 것이었다.

그러나 대중들은 그저 고양이의 생명이나 살생이라는 분별 개념에만 얽매여 있다. 남전 스님은 신성한 도량에서 망설이지 않고 고양이 목을 잘라버렸다, 여기에서 죽은 고양이는 본분사를 상징한다.

색신色身은 유상有相이고 법신法身은 무상無相이다. 사대四大가 화합하여 부모가 난 색신은 육안肉眼으로 볼 수 있지만, 법신은 일체의 모양이 없어 육안으로는 볼 수 없고 지혜의 눈으로만 볼 수 있다. 범부凡夫는 단지 색신여래만 보고 법신여래는 보지 못한다. 법신은 양量이 허공과 같다.

그러므로 부처님이 수보리에게 묻기를, "가히 신상身相으로 여래를 볼 수 있느냐?" 하신 것이며, 범부는 단지 색신여래만 보고 법신여래는 보지 못하는 것을 아는 까닭에 수보리가 답하기를, "못봅니다. 세존이시여, 가히 신상으로는 여래를 보지 못합니다." 한 것이다.

제일구第一口

조주趙州 스님께서 임제사臨濟寺를 방문했을 때의 일이다. 개울물에 발을 씻고 있는 데 임제臨濟 스님이 다가와 물었다.

"어떤 것이 조사가 서쪽에서 오신 뜻입니까?"

"마침 노승이 발을 씻고 있는 중이니라."

이에 임제 스님이 가만히 조주 선사께 다가가서 귀를 기울이고 듣는 척하니, 조주 스님이 말했다.

"알면 바로 알 것이지, 되새김질해서 무엇 하려는고?"

그러자 임제 스님이 팔을 흔들며 돌아갔다.

제일구第一口에서 깨치면 부처와 조사의 스승이라 했고, 제이구에서 터득하면 인천人天의 스승이라 하였다. 듣고 바로 깨치면 제일구이며, 귀를 기울여 되새김질하면 제이구이다.

— 용성 스님과 전강 스님의 전신구轉身口 —

전강 스님이 용성 스님께 여쭈었다.

"어떤 것이 제일구입니까?"

"전강아!"

"예."

"제일구를 마쳤느니라."

"허허허…."

전강 스님이 박장대소하자 용성 스님이 말했다.

"자네가 전신轉身을 못했네."

"전신구를 물으시지요."

"여하시 전신구인고?"

이에 전강 스님이 답했다.

낙하여고목제비落霞與孤鶩齊飛하고

추수공장천일색秋水共長天一色입니다.

"저녁노을은 따오기와 더불어 날고, 가을 냇물은 하늘과 함께 일색입니다." 하니, 용성 스님은 아무 말씀 없이 방장실로 들어갔다.

이환즉각離幻即覺이라.

꿈을 여읜 제일구에서 자성自性이 드러난 깨달음을 보여 주신 것이다.

입야타入也打 불입야타不入也打

마조 스님이 동그라미를 그려 놓더니 한 학인에게 말했다.

"이 원상圓相 안에 들어가도 30방榜이요, 들어가지 않아도 30방榜이다."

이에 학승이 원 안에 들어가니, 마조 스님이 주장자로 그 학승을 한 대 후려쳤다. 그러자 학승이 말했다.

"스님께서는 저를 치지 못했습니다."

마조 스님은 아무 말 없이 방장실로 들어가 버렸다.

훗날 만공 스님이 이 공안을 들어 전강(田剛, 1898-1974) 스님에게 물었다.

"자네는 어떻게 이르겠는가?"

"방榜을 짊어지고 들어가는데 함부로 칠 수 없습니다."

또 전강 스님이 경봉(鏡峰, 1892-1982) 스님에게 물으시니,
"부채로 바람을 날려 일원상을 쓸어버림을 보이셨다."고 한다.

이 공안은 열쇠가 없으면 도저히 열 수가 없는 자물통과 같
은 것이다. 자성自性은 안과 밖이 없는 태허공太虛空인데 어느
곳에 동그라미를 그리며, 본래 무일물無一物인데 들어가는 곳
이 어디이며, 또한 봉棒을 잡는 자는 누구이며 맞는 자는 누
구인가를 묻고 있는 것이다. 대저 불법이란 일체상一切相을
여의는 것이다. 항상 자성自性을 보아 모든 색경계色境界에 걸
리지 않는다면 스스로 청정하고 원만하다. 밝은 지혜는 태양
太陽 같아서 소소영령한 주인공이 항상 드러나 있다.

그럼에도 원상을 그려 울타리를 만드니 부질없는 분별심만
불러온다. 평지풍파平地風波를 일으킨 것이다.

지장계침(地藏桂琛, 867-928) 스님이 뜰 앞의 바위를 가리키
며 제자인 법안(法眼文益 885-958) 수좌에게 물었다.

"저 바위는 자네 마음속에 있는가, 아니면 마음 밖에 있는
가?"

"마음속에 있습니다."

그러자 스님이 물었다.

"그대는 무슨 사정이 있기에 그 큰 바위를 마음속에다 넣고 다니는가? 무겁지도 않은가?"

법안은 말문이 막혀 아무 답도 못했다.

마음은 속과 겉이 따로 있는 게 아니다. 크기로 말하면 영겁永劫 밖에 펼쳐 있고, 작기로는 겨자씨 속에서도 자유자재하다. 눈앞에 나타나 있는 만물만상萬物萬像이 부처 아님이 없는 것이다.

격외소식格外消息 ● 달구경

서당지장西堂地藏과 백장회해百丈懷海, 남전보원南泉普願이 마조 스님을 모시고 달구경을 할 때였다.

"바로 이러한 때에는 어떠한가?"

마조 스님이 물으니, 서당은 "공양供養하기 좋습니다." 하였고, 백장은 "수행修行하기 좋습니다." 하고 답했으나, 남전은 소매를 떨치고 그대로 가 버렸다.

마조 스님이 말했다.

"경經은 지장에게 돌아가고 선禪은 회해에게 돌아가는데, 오직 보원만이 홀로 경계를 벗어나 있구나."

경이란 대장경 속에 들어간다는 말이고, 선은 바다로, 경계 밖은 허공성虛空性의 법에 머물고 있음을 일컫는 것이다.

깨달음은 입을 열지 않고도 말하고, 입을 열어도 말한 바가 없는 법이다. 그대 자신이 바로 허공성虛空性이다. 내가 바로 그것이라면, 무엇이 허공성의 진아眞我를 곧장 보지 못하게 하는가? 분별심分別心을 벗어나지 못하기 때문이다.

깨달음이란 밖으로 향한 생각의 초점을 되돌려 존재 자체의 근원根源인 이뭣고에 초점을 정확하게 맞춰 직관直觀하는 것이다.

무상성無相性 ● 구지선사俱胝禪師의 일지두선一指頭禪

구지俱胝 스님은 누가 무엇을 묻든 간에 일생 동안 검지손가락 하나만 세워 보이신 분이다. 무엇이 불법의 대의냐고 물어도, 달마조사서래의를 물어도 오직 손가락 하나만을 세워 보였다. 그러던 어느 날, 스님께서 외출하여 시자侍者 혼자서 절을 지킬 때였는데 스님 한 분이 찾아왔다. 스님께서 안 계시다고 하니 스님이 물었다.

"요즘 선사의 법문은 어떠하신가?"

평소에 구지 스님이 답하던 것을 보아왔던 시자는 서슴없이 검지손가락 하나를 세워 보였다.

후에 돌아온 스님께서 "오늘 찾아온 이가 없었느냐?" 물으니, 시자는 있는 그대로 말씀드렸다. 이 말을 들은 스님은 잘 드는 칼을 몸에 숨기고 시자에게 물었다.

"어떤 것이 불법의 대의인고?"

시자가 선뜻 검지손가락을 세웠다. 그러자 스님이 칼을 꺼내어 시자의 손가락을 싹둑 잘라 버렸다. 시자는 깜짝 놀라 피를 흘리며 도망쳤다. 하지만 스님이 "시자야!" 하고 부르니, 시자가 얼떨결에 걸음을 멈추고 고개를 돌렸다. 그때 스님이 다시 물었다.

"어떤 것이 불법의 대의인고?"

시자는 자신도 모르게 손을 들어 검지손가락을 세우려다가 손가락이 없는 것을 보았다. 그 순간 시자는 크게 깨쳤다.

이 일지두선 공안에 대하여 성철性徹 스님은 다음과 같이 송頌했다.

"삼천대천세계에 큰 불이 일어나 털끝까지 다 타니, 거기에는 부처도 조사도 다 타고 없어 천지가 텅텅 비었는데, 또 그렇게 빈 것 뿐만인가 하면 거기에 청산은 옛날과 같이 흰구름 속에 솟아 있네. 혀끝을 삼천리 밖에서 놀리니, 항아리 속 별천지의 해와 달이 스스로 분명하다."

이 뜻을 바로 깨치면 구지 선사의 일지두선을 알 수 있다. 모든 상相을 이루는 본질本質인 공성空性을 바로 깨친 것이다.

금강경에 이르시길,

범소유상 개시허망凡所有相 皆是虛妄

약견제상비상 즉견여래若見諸相非相 卽見如來라.

"일체의 상相은 모두 허망하니 만약 상을 여의고 그 본성本性을 바로 보면 여래를 보는 것이다."

일체 상을 이루는 본질인 무상성無相性이 부처라는 말씀이다.

조주고벽趙州靠壁

어느 날, 조주(趙州從諗, 778-897) 스님이 선방에 들어오더니 참선하고 있는 스님들을 살피면서 무엇인가를 찾는 시늉을 했다. 이에 수유茱萸 스님이 물었다.

"무엇을 찾으십니까?"

"물[水]을 찾고 있네."

"이 자리에는 물이 한 방울도 없는데, 무엇을 찾습니까?"

그러자 조주 스님이 얼른 돌아서더니 벽을 더듬으면서 지팡이를 문 앞에 대놓고 아무 말 없이 돌아갔다.

조주 스님은 왜 벽을 더듬다가 문을 열고 바로 나갔을까? 여기에서 바로 볼 수 있다면 인천人天의 스승이고 부처와 조사의 스승이다. 색色과 공空을 나누어서 말한 것이 아니고 그대로 근원 자성이며 천진 부처로 말하고 있는 것이다.

무정설법無情說法

성유생멸聲有生滅 문성상재聞聲常在라.

"들리는 소리는 생멸生滅이 있지만 소리를 듣는 성품은 항상한 것이다."

소리는 귀에 왔다가 사라지는 것이지만, 내가 잡아 가두고서 온갖 감정들을 만들어 내며 평생을 함께 동고동락하여 업業이 되고 윤회의 주체가 된다.

앞생각이 미迷하면 범부凡夫이나 뒷생각에 깨치면 곧 부처이고, 앞생각이 경계에 집착執着할 때는 번뇌煩惱이나 뒷생각이 경계를 여의면 곧 보리菩提이다. 깨치고 여윈다는 그 생각의 뿌리를 동시에 뽑아버려 업장을 소멸시키는 유일한 수행이 이뭣고이다.

벽암록碧巖錄 46칙은 경청(鏡淸, 868-937) 화상의 선문답을 싣고 있다.

경청 화상이 한 스님에게 물었다.

"문 밖에서 들리는 게 무슨 소리냐?"

"빗방울 소리입니다."

"너는 빗방울 소리에 사로잡혀 있구나."

그러자 스님이 물었다.

"화상께서는 저 소리를 뭐로 들습니까?"

"자칫 했으면 나도 빗소리에 사로잡힐 뻔했지."

"그게 무슨 뜻입니까?"

"속박에서 자유로워지기는 그래도 쉽지만 있는 그대로의 현실을 표현하기란 어려운 법이다."

중생은 빗소리, 바람소리를 들으면 그 소리에 집착하여 자신을 잃어버리고 항상 밖의 경계에 끄달려 노예가 되어 살고 있다는 말이다.

수처작주隨處作主 입처개진立處皆眞이라.

임제(臨濟義玄, ? ~867) 스님의 말씀처럼 스스로 시방삼세의 주인이 되어야 한다. 수행자라면 모름지기 일체의 경계를 마음대로 활용할 수 있는 지혜를 갖춘 대장부가 되어야 한다.

법달法達이란 스님이 7년 동안 법화경을 외웠으나 그 진의를 알 수 없었다. 이에 육조 스님을 찾아 가르침을 청하니 스님께서 말씀하셨다.

"마음이 미혹하면 법화경의 지배를 받고, 마음을 깨달으면 법화경을 마음대로 활용하여 굴릴 수 있다."

운문록雲門錄에서도, "일체의 모든 소리는 부처의 소리요, 일체의 모든 모양은 부처의 모습이며, 산하대지가 바로 청정법신"이라 하였다.

소동파[蘇東坡, 蘇軾]가 옥천사라는 절에 큰스님이 계신다는 소문을 듣고 승오 스님을 찾아가니 스님이 물었다.

"대인大人은 누구십니까?"

"나의 성은 칭秤가요."

천하 스님들의 무게를 달아보는 저울이라 답한 것이었다.

이에 스님이 "억!"하고 할을 하곤 물었다.

"이것은 몇 근이나 됩니까?"

그 한마디에 소동파는 앞뒤가 꽉 막혀 버렸다. 소동파는 그 길로 동림상총 스님을 찾아가 '할'의 도리를 물었다.

"그대는 어찌 무정설법은 듣지 못하고 유정설법만 들으려 하는고?"

선사의 꾸짖음을 듣고 온통 무정설법이라는 의정에 몰두했다. 하룻밤을 절에서 머물고 말을 타고 계곡을 내려오던 소동파는 폭포수 물소리에 크게 개오開悟했으니, 그때 남긴 오도송이다.

계성변시장광설溪聲便是長廣舌
산색개비청정신山色豈非淸淨身
야래팔만사천게夜來八萬四千偈
타일여하거사인他日如何擧似人이라.

"맑게 흐르는 물소리가 부처님의 무진 설법이고, 푸른 산빛이 그대로 부처님의 청정법신이로구나. 어젯밤 깨친 부처님의 무량한 이 묘음妙音을 어떻게 그대에게 설說할 수가 있겠는가."

색유동정色有動靜 견성부동見性不動이라.

"물질은 움직임과 머무름이 있지만 물질을 보는 성품은 부동하다." 했으며,

반문문성反聞聞性 이근상재耳根常在라.

소리를 들을 때 '듣는 자의 성품'을 다시 들어라. 즉 무엇이 듣는지 그 본성을 깨닫는 것이 반문문성이다. 듣는 것을 되돌려서 자성을 자각自覺함으로써 번뇌를 끊고 불성을 발현하는 것이다. 이 수행 방법 가운데 하나가 이뭣고이며, '이'를 직관直觀함으로써 자각自覺을 이룬다.

보조지눌普照知訥 선사 또한 "진리에 들어가는 문은 많으나, 한 문을 가리켜 근원으로 돌아가게 하겠다."며 제자에게 물었다.

"그대는 까마귀 우는 소리를 듣는가?"

"예, 듣습니다."

"그대는 듣는 성품을 돌이켜[반문문성]보아라. 거기에 무슨 소리가 들리는가?"

"거기에 이르러서는 일체 소리와 분별이 없습니다."

스님이 칭찬하여 말했다.

"기특하도다. 이것이 바로 관세음보살이 진리眞理에 들어간 문이다."

부처님께서도 말씀하셨다.

"아난아! 소리가 사라지고 메아리가 없어진 것을 너는 들음이 없다고 말하는 데, 만약 참으로 들음이 없을진대, 듣는 성품이 이미 없어져서 마른나무와 같으리니 종을 다시 친들 네가 어떻게 들을 수 있겠느냐? 있음을 알고 없음을 아는 것도 그 들리는 소리가 '있었다' 혹은 '없었다' 하는 것이다.

그러므로 아난아! 듣는 가운데 소리가 저절로 '생기고' '없어지고' 할지언정 네가 듣는 데 있어서 너의 성품性品이 그렇게 하는 것은 아니다."

비유하자면, 연단의 마이크가 ON으로 켜져 있어도 연설자가 말하지 않으면 들리지 않는 것처럼, 소리가 안 들릴 때에도 듣는 기능은 쉬지 않고 작동하고 있는 것이다.

❀ 아이고! 아이고! 아이고!

분별分別 망심妄心을 제거하고 본성本性을 환히 보는 화두 참구법이 이뭣고이다. 생각을 떠나 너도 없고 나도 없는, 즉 주객主客이 사라진 무無의 경지가 타성일편이다. 간절히 의심해 들어가다 보면 의정의 덩어리가 하나로 뭉치는 데 이것을 의단疑團이라 하며, 의단만이 홀로 드러나는 것을 의단독로疑團獨路라고 하고, 화두와 내가 하나 되어 다른 어떤 것도 끼어들 틈이 없는 상태를 타성일편이라 한다.

이 상태에서 일상생활을 이어가다 보면 '땡땡' 하는 소리가 들려도 '종소리네' 하고 분별하는 생각生覺이 사라져, 그냥 '소리'로만 들린다. 이것이 중도연기中道緣起의 경험이다.

그러나 매일 자신의 성품과 함께하고 있으면서도 저 소리를 밖으로만 쫓아다니며 본성本性을 놓치고 사는 게 중생이다.

차유고피유此有故彼有라.

자신의 이 성품이 있기에 저 종소리도 있는 것이다.

반산보적(盤山寶積, 720-814) 스님이 화두를 놓치지 않고 저 잣거리를 지나다가 푸줏간 앞에 이르렀을 때였다. 마침 고기를 사러 들른 행인이 말했다.

"깨끗한 고기 한 근만 주시게."

그러자 백정이 들고 있던 칼을 내려놓고 양손을 모으며 물었다.

"어떤 것이 깨끗하지 못한 고기입니까?"

그 말을 듣는 순간 보적 스님은 가슴이 훤히 열렸다. 깨끗함과 더러움, 선善과 악惡, 범부와 성인 등 모든 차별상이 한순간에 무너져 버리는 깨달음이 열린 것이다.

그 후 어느 날이었다.

마을 동구 밖을 지나가다가 상여꾼들을 만나게 되었다. 상여를 이끄는 요령잡이의 타령이 아주 구슬펐는데, 그가 한 소절을 끝낼 때마다 상주喪主들이 곡哭을 하며 뒤따르고 있었다.

"청천에 붉은 수레는 서쪽으로 기울어가건만, 알 수 없구나, 오늘의 이 영혼靈魂은 어디로 가는고?"

"아이고, 아이고…."

이 곡哭소리에 확철히 깨달은 스님은 그 길로 마조 스님을 찾아가 인가를 받고 제자가 되었다.

❀ 무정물설법無情物說法

동산양개(洞山良价, 807-869) 스님이 무정물이 설법한다는 말에 앞뒤가 막혀 여러 스승들을 찾아다니다가 마침내 운암(雲巖曇晟, 782-841) 스님을 찾아 물었다.

"무정물이 설법할 때는 누가 듣습니까?"

"무정물이 들을 수 있지."

"스님은 들을 수 있습니까?"

"만일 내가 듣는다면 나는 깨달음을 이루었을 터이니, 자네는 내 설법을 듣지 못할 것일세."

동산은 여전히 알 수 없었다. 이번에는 운암이 물었다.

"자네는 들을 수 있는가?"

"아닙니다."

"자네는 내 설법도 듣지 못하면서 어떻게 무정설법을 듣고자 하는가? 자네는 아미타경에, '물과 새와 나무가 모두 부처님을 노래하고 부처님의 가르침을 노래한다.'는 말씀을 읽지도 않았는가?"

동산은 여기에 이르러 깨달았다.

동산이 여쭈었다.

"스님께서 열반에 드신 뒤에 사람들이 저에게, '어떤 것이 네 스승의 면목이냐?'고 물으면 무엇이라고 대답해야 좋을까요?"

"바로 이것이네."

동산은 스승의 마지막 말씀인 '바로 이것'만을 참구하며 길을 걷다가, 강물에 비친 자신의 모습을 보는 순간 크게 깨달았다.

"바로 이것이네." 하는 '이것이 무엇인고?' 그 답 없는 답 쏨이 **이뭣고**이다.

❀ 돌멩이가 대나무에 부딪치는 소리 ● 향엄격죽香嚴擊竹

위산어록에 전하길, 하루는 위산(潙山靈祐, 771-853) 스님이 향엄(香嚴智閑, ?-898)에게 물었다.

"그대가 터득한 지식知識은 전부 보고 들은 것뿐이다. 지식知識에 대해선 묻지 않겠다. 그대가 태어나기 전, 동서東西를 구분하지 못했을 때 그대의 본래면목本來面目을 말해 보라."

이에 향엄 스님이 대답을 못하고 스승에게 도道를 일러주실 것을 청하니, 위산 스님이 말했다.

"내가 말하면 옳지 않다. 스스로가 일러야 그대의 안목眼目

이니라."

이에 스님은 방으로 돌아와 있는 서책을 모두 뒤져보았지만 그 답을 찾을 수 없었다. 스님은 서적을 몽땅 태워 버리고 스승에게 하직을 고했다. 이후 남양南陽산으로 들어가 암자를 짓고 수년째 수행하던 어느 날 아침이었다. 마당을 쓰는 데 빗자루에서 튕긴 돌조각이 대나무에 부딪치며 "탁!"하는 맑은 소리를 냈다. 그 순간 크게 깨달았으니, 이것이 그 유명한 향엄격죽이다.

향엄격죽의 오도송을 전해 들은 위산 스님은 향엄이 확철대오했다며 기뻐했다. 이 소식을 들은 앙산(仰山慧寂, 803-887) 스님이 향엄을 찾아 깨달은 바를 다시 일러보라고 했다. 다음은 그때의 대답이다.

거년빈去年貧 미시빈未是貧
금년빈今年貧 시시빈始是貧
거년빈去年貧 유유탁추지지猶有卓錐之地
금년빈今年貧 추야무錐也無로다.
지난해의 가난은 가난이 아니다. 금년 가난이 비로소 가난이다. 지난해 가난은 송곳 꽂을 땅이라도 있었는데, 금년 가난은 송곳마저 없도다.

그러자 앙산 스님이 말했다.

여래선如來禪은 허사제회許師弟會이어니와
조사선祖師禪은 미몽견재迷夢見在로다.
"여래의 말씀인 경전에 의해 깨달은 여래선은 사제에게 허락하지만, 조사선은 꿈에도 보지 못하였다."

이에 향엄이 다시 답했다.

아유일기我有一機 순목이시瞬目伊視
약인불회若人不會 별환사미別喚沙彌라.
"나에게 한 기틀이 있어서 눈 한번 깜짝하여 그것을 보네. 만약 그것을 알지 못하는 자라면 따로 사미를 부르리라."

이에 비로소 앙산 스님은 향엄이 조사선을 통달했다며 기뻐하였다.
"거년빈"은 모든 존재가 철저히 텅 빈 공적의 경지를, "나에게 한 기틀이 있다"는 말은 일상생활에서 일거수 일투족이 그대로 도道임을 드러낸 것이다.

여래선은 부처님이 설한 경전에 의거해 자신의 마음이 본래 청정하여 번뇌가 없으며, 본래 부처와 다름이 없음을 깨달아 여래의 경지에 들어가는 선禪을 말한다. 보통 육조혜능 이전까지를 여래선이라 한다.
혜능 이후 대혜종고(大慧宗杲, 1089-1163) 이전까지를 조사선이라 하는 데, 조사선을 대표하는 명제 가운데 하나가 바로 마조의 평상심시도平常心是道와 심즉시불心卽是佛이다. 마음 그 자체가 바로 부처[眞理]이니, 참선을 통해 무심을 지향하여 자기 자신이 본래 깨달은 부처임을 자각自覺하는 선법이다.

그러나 대혜종고가 기존의 선법禪法을 비판하며 화두공안을 참구하는 간화선을 제창한 이후, 선종의 대세는 간화선으로 정립되었다.

이뭣고는 성불의 방 문을 열고 들어가는 문고리와 같다.

셋째 마당

화두선의 맛

자신의 마음을 **이뭣고**로 살필 줄 안다면 그는 행복한 사람이다.

참선參禪으로 들어가는 문門

영가현각(永嘉玄覺, 665-713) 스님의 증도가證道歌에 이르기를,

행역선좌역선行亦禪坐亦禪
어묵동정체안연語默動靜體案然이라.
"걸어도 앉아도 선정이니 어묵동정에 본체가 편안하다."

가거나 오거나 앉거나 말하거나 움직이거나 고요한 가운데 일여一如한 경계이니, 영가 스님의 선禪이란 조계[曹溪, 육조]의 길을 깨쳐서 구경각을 성취한 경지라 하겠다. 선禪이란 자성自性을 깨친 뒤부터가 실제로 참선이지 그 전까지는 망상妄想이다. 달리 말하면 제8아뢰야식의 무기심까지도 벗어나 대원경지大圓鏡智가 현발한 그때가 비로소 선禪인 것이다.

선禪과 망妄을 구별할 줄 알아야 한다. 선방에만 앉아 있다고 모두가 다 참선은 아닌 것이다.

오조 홍인(弘忍, 601-675) 스님이 육조 혜능에게 이르셨다.

"모든 부처님이 세상에 나오심은 하나의 큰일을 위한 까닭에 근기의 크고 작음을 따라서 중생들을 인도하여 마침내 십

지·삼현·돈점 등의 뜻이 있으니, 이를 교문敎門이라 한다. 그러나 가장 미묘하고 비밀스럽고 진실한 정법안장을 가섭존자에게 부촉하여 거듭거듭 서로 전해주어 달마대사에 이르러, 중국에서 이조 혜가 대사를 얻어 대를 이어서 나에게 이르렀고, 지금 너에게 부촉하니 단절치 않게 하라."

오조 스님이 육조 스님에게 전한 법이 마음에서 마음으로 전한 불립문자로서의 정법안장이라는 것을 말하고 있다.

교리敎理를 하는 사람은 점차로 뜻을 드러내고, 참선하는 사람은 오직 순식간에 깨침을 펴니 선과 교의 만남은 북쪽 끝과 남쪽 끝만큼의 간격이 있다. 경에서는 "3아승지겁 동안을 점차로 닦아서 비로소 보리를 깨친다."고 했으나, 선종에서는 찰나간에 문득 정각을 이룬다고 한다. 또 선문경禪門經에서는 "바깥 모양에서 구하면 비록 몇 겁을 지내도 끝내 이루지 못한다. 안으로 마음을 깨치고 보면 한 생각에 보리를 증득한다."고 하였다.

연수(永明延壽, 904-976) 스님은 그의 보살계 서문에서, 육도만행六度滿行을 닦아서 성불하려는 것은 송장을 타고 바다를 건너가는 것과 같다고 하였으며, 전강(田剛, 1898-1974) 스님은 이뭣고 한번 하는 공덕이 나무아미타불 600만 번 하는 것보다 수승하다."고 했다.

증도가에 이르기를,

오조증경다겁수吾曾經多劫修

불시등한상광혹不是等閑相誑惑이라.

"나는 일찍이 많은 겁을 지나며 수행하였으니 부질없이 서로 속여 미혹케 함이 아니로다."

영가현각 스님조차도 과거 진묵겁전塵墨劫前이라 해도 과언이 아닐 만큼 많은 세월 동안 정법을 믿고 무한한 노력을 해서 이법을 성취했다는 것이다. 단박에 깨닫는다고는 하나 참선을 통한 깨달음은 아이들 장난하듯 얻은 것이 아니다. "부질없이 서로 속여 미혹케 함이 아니다."라는 구절은 이러한 부사의 해탈경계가 일시적으로 얻은 것이 아니고, 이루 헤아릴 수 없는 무량한 세월 동안 노력을 기울여서 성취한 것이라는 말이다.

이렇게 보면 "한 번 뛰어넘어 여래지에 들어간다."는 일초직입여래지一超直入如來地는 증도가의 다른 구절과 논리가 맞지 않는다고 생각할지도 모르겠으나, 저 과거세부터의 무한한 노력이 있었기에 금생에 이르러 그 모든 인연이 성숙되고 또 어떤 기연機緣을 만나 단박에 깨치는 것이라 알아야 한다. 활구참선법 이뭣고로 한 번에 뛰어올라 증득證得해서 생사를 뛰어넘는 여래지如來智에 오르는 것도, 다생겁래 갈고 닦은 점수漸修가 바탕이 되어야 하는 것이다.

황벽(黃檗希運, ?-850) 스님이 송頌하기를,

진로형탈사비상塵勞逈脫事非常

긴파승두주일장緊把繩頭做一場이라.

"생사해탈 하는 것이 보통일이 아니니, 화두를 굳게 잡고 한바탕 애쓸 지어다."

불시일번한철골不是一翻寒徹骨

쟁득매화박비향爭得梅花撲鼻香이라.

"뼈를 깎는 추위를 한 번 이겨내지 않고, 어찌 코를 찌르는 짙은 향기를 얻을 수 있으리요."

오로지 금생성불의 대원력大願力을 세우고 뼈를 깎는 인욕으로 간절해야 할 것이다. 그렇게 빈틈없는 **이뭣고**로 초지일관初志一貫할 때, 그것이 답答 없는 답答을 찾아가는 길이 될 것이다.

🌸 참선 요지參禪要旨

불교에서는 사종심四種心이라 하여 인간의 마음을 네 가지로 분류하기도 하는 데, 육단심肉團心ㆍ연려심緣慮心ㆍ집기심集起心ㆍ견실심堅實心 등이 그것이다.

육단심은 육체적 생각에서 우러나는 마음이고, 연려심은 보고 듣는 데서 분별하여 내는 마음이며, 집기심은 소위 제7식識과 제8식識으로 망상을 내는 깊은 속마음이다. 그리고 견실심은 본성으로서 이것이 부처님 마음자리이다.

참선은 부처님 마음자리인 견실심을 보는 공부이며, 도道를 이루는 길이다. 참선은 자신의 근본 자성을 요달了達하여 생사生死를 끊는 수행법으로 마음속의 생멸을 없애는 것이 근본 목적이다.

한암(漢岩, 1876~1951) 스님은 선중방함록〈서〉에서 다음과 같이 말씀하셨다.

"참선이란 처음 마음을 낼 때 곧바로 스스로의 마음이 부처임을 세워 한 생각의 기틀을 돌리면 영겁의 무명無明이 얼음 녹듯이 곧바로 사라질 것이다. 따라서 '처음 마음을 낼 때 스스로의 마음이 부처임을 세워 한 생각 기틀을 돌린다.'는 데 생명이 있다."

참선은 모든 업장과 습기를 녹이는 용광로이다.

지금 당장은 어두워서 못 보지만 밝은 눈으로 본다면 모든 것이 바로 그대로 부처이다. 바다에서 일어나는 천파만파의 파도와 수십억 개의 거품 모두가 다 그대로 바닷물이듯이, 삶의 희로애락에 울고 웃는 그 마음 그대로가 다 불성인 것이다. 그 속에서 가지와 잎사귀는 다 버리고서 근본 줄기와 뿌리만 가지고 하는 공부가 참선이다.

육조 혜능 스님이 "내 법문은 본체를 안 여읜다."고 한 까닭도 여기에 있다. 상相에 걸리지 않고 본체를 여의지 않는단 말이다. 본체를 여의지 않아야 참선인 것이다.

　임제(臨濟義玄, ?~867) 스님 이르기를,

　수처작주隨處作主 입처개진立處皆眞이라.

　"이르는 곳마다 주인공이 되면 서 있는 그곳이 진리의 자리다."

　어느 경우에나 자기 주체를 확립하면 그곳이 바로 진리처이다. 선방만이 참선하는 곳이 아니라는 말이다. 참선하는 사람은 자기 육체가 선방이라 알아야 한다. 선禪은 어느 때, 어느 곳에서나 행주좌와行住坐臥 어묵동정語默動靜에 간단間斷 없이 지속되어야 한다.

　이뭣고를 하든, '무無'자 화두를 들든 본체를 떠나서 그냥 의심만 품어서는 참선이 될 수 없다.

　선시불심禪是佛心이요 교시불어敎是佛語라.

　참선은 바로 부처님 마음이요, 교는 바로 부처님 말씀이다.

　우주 만물이 부처의 몸이니, 처처處處에 불심佛心뿐이다.

　참선하는 이가 항상 경계해야 할 것은 유심有心으로 분별하고 헤아려 자기 마음으로 사량思量하는 것이다. 사량함으로써 나타난 것은 모두 다 꿈이며, 모두가 망념으로 인한 것이다. 참선하는 이는 기멸起滅이 멈추지 않는 이 망념을 식은 재와 같이 여기고, 마른 나무처럼 여기어, 한 생각이 만년이 가도록 해야 한다. 그렇지 않고 생각으로 헤아린다면 어느 겁에 깨닫겠는가?

서산(西山, 1520-1604) 스님 선가귀감에서 이르기를,

신광불매神光不昧 만고휘유萬古徽猷
입차문래入此門來 막존지혜莫存知解라.
"거룩한 빛이 어둡지 않아 만고에 밝구나. 이 문 안에 들어오매 알음알이를 두지 말라."

참선문에 들어오고자 하면 알음알이를 놓아 버리고 오로지 화두 탐구에만 전념해야 깨침을 얻을 수 있다는 것이다. 그렇다면 부처님 당시의 선법禪法은 어떠했을까?

부처님 당시 한 외도外道가 와서 물었다.
"말이 있는 세간 법도 묻지 않고, 말이 이를 수 없는 것도 묻지 않습니다. 이에 대하여 말씀하여 주십시오."
그러나 부처님은 아무 말도 없이 잠잠히 계셨다.
이에 외도가 일어나 절을 하곤 말했다.
"세존께서 대자대비하시어 저의 미혹迷惑한 마음을 열어 주시어 저로 하여금 도道에 들게 하셨습니다. 참으로 감사합니다."
부처님 곁에서 이를 지켜보던 아난존자는 영문을 알 수 없

었다. 부처님은 한 말씀도 안 하셨는데 무엇을 알고 무엇이 고맙다는 말인가? 외도가 돌아가자 아난존자가 부처님께 여쭈었다.

"부처님께서 한 말씀도 안 하셨는데 지금 외도는 알아들었다고 하니, 무엇을 알아들었다는 것입니까?"

부처님께서 말씀하셨다.

"하루에 천리를 가는 준마駿馬는 채찍 그림자만 보아도 바람처럼 뛰어가지만, 명마는 채찍 그림자도 필요 없이 주인의 마음을 따라 움직이느니라. 하지만 둔한 말은 궁둥이에 피가 나게 때려도 달리지 않느니라."

달리 말하면 영리한 사람은 말로 이르기 전에 다 알아차린다는 말씀으로, 지금의 외도가 그렇다는 뜻이다. 부처님 당시에는 수행인의 근기根機가 수승殊勝해서 여러 말을 하지 않아도 이렇게 알아차렸다.

본래 도道란 분별이 붙으면 외도外道라 하고, 분별심이 끊어졌을 때 비로소 도에 들었다고 한다. 부처님께서는 항상 이와 같이 선법을 드러내 주셨으니 이것은 눈 밝은 사람만이 아는 것이다.

❀ 화두 참선

허운(虛雲, 1840-1959) 스님은, "화두란 곧 한 생각도 일어나지 아니한 것이며, 한 생각이 일어나기만 해도 이미 화미話尾를 이룬다. 말이란 이 마음으로부터 일어나므로 마음이 바로 말의 화두話頭이다."고 하였다.

마음이란 성품이며, 그것은 곧 깨달음의 본체이며 부처의 씨앗이다. 마음은 일정한 형상과 처소, 방향이 없기에 마침내 얻을 수 없다. 있는 그대로 청정하여 법계法界에 두루하니 가는 바도 없고 오는 것도 아니다. 본래부터 완성된 청정한 법신불法身佛인 것이다.

수행하는 사람은 육근六根을 거두어들여 한 생각이 일어나는 곳을 쫓아 살펴야 한다. 이뭣고로 직관直觀하면 곧바로 5온五蘊이 공空하고, 생각을 떠난 청정한 자기의 본성에 도달하게 되는 것이다. 비유하자면 콩으로 두부를 만들 때, 콩 스스로가 두부로 변할 수 없으므로 콩을 맷돌에 갈아 간수를 여법하게 넣고 끓여야 두부가 되는 것과 다를 바 없다. 도道를 성취하는 것도 이와 같아서 정성을 들여 수행하지 않으면 이룰 수 없는 것이다.

참선參禪이란, 마음을 밝히고 성품을 보는 것이다.

이것은 자기의 본래면목을 참구하여 뚫는 것이니, 부처님께서 연꽃을 드신 것으로부터 시작되어 온 수행법이다.

참선법을 여의고 하는 수행은 모두가 생사법生死法을 익히는 것이다. 수행자의 길에서 본다면 천 길 낭떠러지를 향해 가는 어리석은 짓이라 하겠다.

야부도천(冶父道川, ?-?, 송대) 스님이 송頌하기를,

천척사륜직하수千尺絲綸直下垂

일파재동만파수一派纔動萬波隨

야정수한어불식野靜水寒魚不食

만선공재월명귀滿船空載月明歸라.

"천 길 바닷속에 낚싯줄 드리우니 한 물결이 일어나 천파만파 번지는데, 밤은 깊고 물 차가워 고기는 물지 않고, 빈배에 달빛만 가득 싣고 돌아오네."

한 생각은 찰나에 900번을 생멸한다고 한다.[인왕경] 찰나는 1/75초이니[비바사론], 찰나에 67,500번의 생각이 번진다는 것이다. 한 생각 일어날 때 그 뿌리를 이뭣고로 뽑아버리지 않는다면 만파로 퍼져나가는 게 사람의 생각이다.

우주 당체가 내 집 안[마음]이니 밖으로 찾는 것은 시간을 낚는 일 뿐, 결국은 지혜의 달빛으로 가득찬 빈 배가 되어 고향으로 돌아온다.

유불회론唯不會論이라.

오직 모르고 모를 뿐인, 텅 빈 자리 없는 '이[是]' 자리를 찾으려 애를 쓰지만, 이뭣고[是甚麼]의 '이'는 찾는다고 만날 수 있는 자리가 아니다. 그것은 마치 눈을 가지고 눈을 찾으려는 것과 같다.

부처님께서는 연꽃 한 송이를 보이셨고, 조주 스님은 달마 조사가 서쪽에서 오신 뜻을 물으니[祖師西來意] 정전백수자庭前栢樹者라. "뜰 앞에 잣나무"라는 멋있는 대답으로 말문을 달게 만들었다. 이것이 말의 한계인데, 이것을 넘어선 것이 화두話頭이다. 조주 스님의 대답이 나오기 전의 그 마음속에 숨겨진 당처 자리, 그것이 화두인 것이다. 그 자리는 나오고 들어가는 자리가 아니기 때문에 진공묘유眞空妙有이며, 언어를 떠난 경계이기에 '시是'라 표현할 뿐이다.

마음으로 마음을 찾으려면 평생을 가도 찾지 못한다. 나 자신을 대상화시켜 버리면 찾으려 하는 놈과 찾아야 할 대상으로 나뉠 수밖에 없다. 이렇게 주객主客이 생기게 되면 저절로 분별심分別心이 따라온다. 중생은 일어나는 마음만 있고 돌아서는 마음이 없다. 절에 와서 수행을 하면서도 밖을 향해 반대로 앉아 있는 게 중생심이다. 육도윤회의 굴레에서 벗어날 기약이 없는 것이다.

한 생각이 미迷해서 분별심으로 일어나면 생사윤회의 고苦이지만, 환유幻幽가 사라지면 정안淨眼이고 깨달음이다.

신심명信心銘에 이르기를,
일념불생만법무구一念不生萬法無垢라. "한 생각 일어나지 않으면 만법에 허물이 없다."하였으며,

몽산법어蒙山法語에 이르기를,
염기염멸즉생사念起念滅即生死라. "일어났다 사라지는 생각, 즉 분별심 속에 생사가 있다."고 했다.

이 생사를 벗어나는 최상의 수행법이 '오직 모르고 모를 뿐'인 이뭣고 화두 참선이다.

❈ 참선수행參禪修行

참선은 "아, 이런 것이구나!" 하는 이론적인 중생의 사량 분별이나 교리적敎理的인 알음알이로 해결할 수 있는 것이 아니다. 이렇게 저렇게 따져서 알아맞히는 것은 활구活句 참선이 아니고 죽은 참선이다.

육체에 생로병사가 있듯이 마음에도 생주이멸生住異滅이 있어서 한 생각이 잠시 머물렀다가 다른 생각으로 변하고 마침내는 없어지고 만다. 따라서 어떤 생각이 일어나건, 그것이 기쁘거나 슬프거나 좋거나 싫거나 그 생각을 버리려고 애쓸 필요가 없다. 그런 생각이 일어났을 때도 '내가 쓸데없는 생각을 하고 있구나.' 하는 마음 또한 갖지 말아야 한다. 다만 그 자리에서 이뭣고로 들어가 딴 생각을 하는 이놈이 무엇인가 물으면 된다. 이러할 때 묵은 업장業障이 소멸消滅되면서 생사를 해탈하는 묘妙한 수행이 되는 것이다. 생활 속에서 망상妄想이 일어나도 걱정할 필요가 없다는 말이다. 망상이 일어나면 일어나는 그 자리에서 이뭣고 하는 것이 공부이기 때문이다.

진여불성은 냄새도 없고, 빛깔도 없고, 눈으로 볼 수도 없다. 하지만 너무나도 신령스럽고 묘妙하니, 때와 인연에 따라 좋은 것과 나쁜 것을 가리지 않고 천만 가지 모양과 빛깔로 화현化現한다. 그러니 성내는 놈, 원망하는 놈, 기뻐하는 놈, 아파하는 놈 그 모두가 진여불성으로부터 일어나는 거동이요, 모습이 아닐 수 없다. 그 놈을 버리려고 애쓸 일이 없다는 것이다.

한 생각 망상妄想이 일어날 때마다 곧바로 "이놈이 무엇인고?" 하고 이뭣고로 들어간다면 부처의 참 생각으로 바꿔 놓을 수 있다. 이것이 신·구·의身口意 삼업三業으로 짓는 업業으로부터 벗어나 '나'의 본래 고향에 이르는 가장 빠른 길이다.

보보비신업步步非身業
성성비구업聲聲非口業
염념비의업念念非意業이라.
"걸음걸음마다 몸으로 업을 짓지 말며, 말마다 입으로 업을 짓지 말고, 망상으로 생각의 업을 짓지 말라."

이뭣고는 최상승의 활구 참선이다. 정법임을 믿고 수행하는 불자에게는 번뇌 망상이 불·보살의 손이다, 불·보살이 극락세계에서 보낸 반야용선般若龍船으로 작용한다. 하지만 이것을 믿지 않는 한, 번뇌 망상은 그저 윤회의 굴레를 덧씌우는 원수怨讐가 될 뿐이다.

원각경圓覺經에서 이르시길,

일체중생一切衆生 종종환화種種幻化

개생여래皆生如來 원각묘심圓覺妙心이라.

"일체중생의 가지가지 허망한 생각도 모두 여래의 원만히 깨달은 묘한 마음에서 일어난다."

중생의 갖가지 마음 모두가 여래심如來心에서 비롯된다는 말이다. 따라서 내 마음이 곧 부처임을 확신하고 나의 본성本性이 여래如來라고 깨달으면 그만인 것이다.

달리 말하면 이 마음이 곧 우주 만법이 일어나는 바탕이며 본질이라는 말씀이다. 마음을 떠나서는 아무것도 없다.

부처님도 설說하지 못한 법

백장百丈 스님이 남전보원(南泉普願, 748-835) 스님에게 물었다.

"부처님도 설하지 못한 법法이 있습니까?"

"부처님도 설하지 못한 법法이 있습니다."

"그것이 어떤 것입니까?"

"불시심不是心 불시불不是佛 불시물不是物입니다."

"나는 스님이 나한테 묻기에, '부처도 설하지 못한 법은 마음도, 부처도, 물건도 아니다.'라고 하였는데, 스님은 어떻게 생각하십니까?"

"나는 선지식이 아니라 알지 못합니다."

부처님도 언어와 문자로 드러낼 수 없는 그 자리를 스님이 드러낼 수 있겠는가? '오직 모르고 모를 뿐'인 그 답은 이뭣고이다.

선심禪心 ● 해인삼매海印三昧

야부도천(冶父道川, 송대) 스님 게송에 이르기를,

죽영소계진부동竹影掃階塵不動
월륜천소수무흔月輪穿昭水無痕이라.
"대나무 그림자 섬돌 위를 쓸어도 티끌 하나 일어나지 않고, 달빛이 연못을 뚫어도 물에는 아무런 자취를 남기지 않네."

법당 앞 돌계단 끝 대나무 한 그루에 휘황찬 달이 비추니 대나무 그림자가 법당 앞에 드리워진다. 대나무 그림자 바람 결따라 일렁이지만 계단의 먼지는 여전히 그대로이다. 달빛 또한 연못을 뚫어 그림자를 띄우지만 그 역시 수면에는 흔적조차 남기지 않는다.

삼라만상은 일법一法의 소인所印이다. 그러므로 모두가 해인 삼매에 비치고 있고, 그 속에서 모두가 살고 있는 셈이다. 온 대지와 우주 삼라만상이 바로 비로자나불의 몸체인 것이다.

천의의회(天衣義懷, 989-1060) 스님 이르기를,

안과장공雁過長空 영침한수影沈寒水

안무유종의雁無遺蹤意 수무취영심水無取影心이라.

"기러기 푸른 하늘 나니, 그림자 고요한 강물 속에 잠긴다. 그러나 기러기 자취 남길 뜻 없었고, 강물 또한 그림자 받아드릴 마음 없었네."

기러기와 강물의 텅 빈 무심無心이 선심禪心이며 공심空心인 이뭣고이다.

능엄경에서 이르셨다.

"육문을 연마해 식음(제8아뢰야식)의 마를 소멸하고, 견과 문이 한 데로 통해 이웃하고 서로 활용함이 청정하며, 시방세계와 심신이 훤히 밝아지니, 이 사람은 능히 전생에 오염된 중생의 생명인 명탁을 초월함이다."

5온을 이뭣고로 비춰 봄으로써 아공我空이 되고, 사물의 실체 또한 공해서 경계의 끄달림서 벗어난 법공法空이 되면 명탁을 벗어난다는 것이다. 5온이 공함을 깨달으면 모든 업장이 소멸돼 금생에 생사고에서 벗어날 수 있다.

소동파의 제자 황정견(黃庭堅, 1045~1105)이 하루는 조심(晦堂祖心, 1025~1100) 스님을 모시고 산행을 하는 데, 스님이 물었다.

"산 목련의 꽃향기를 듣는가?"

"듣습니다."

"나는 숨기는 것이 없노라."

이에 황정견이 즉시 절을 올리며 여쭈었다.

"화상께서 이렇게 노파심을 가지실 줄 몰랐습니다."

하니 스님이 웃으면서 인가認可했다.

"공空의 집에 이르렀구나."

식음이 소멸되어 보는 견見과 듣는 문聞이 하나로 통하여 귀로 향기를 듣는 경지에 이른 것이다.

조심 스님의 열반을 맞아 황정견이 송頌하기를,

일파유조수부득一把柳條收不得

화풍탑재옥난간和風搭在玉欄干이라.

"한 움큼의 버들가지 잡으려 해도 거두어 얻지 못해서, 봄바람에 그대로 옥난간에 걸어둠이로다."

봄이 오니 따뜻한 바람이 분다. 봄바람이 버들가지를 푸르게 하니, 허상虛相인 버들가지가 우리의 본성本性의 작용인 잡을 수도 볼 수도 없는 봄바람이다. 그저 따뜻한 봄기운이 옥난간에 걸려 있을 뿐이다.

향엄상수화香嚴上樹話

어떤 사람이 아주 높은 나무 위에서 입으로 나뭇가지를 물고 매달려 있을 때, 나무 밑에서 한 사람이 조사서래의祖師西來意를 물었다.

답答하지 않으면 묻는 이의 뜻에 어긋나고, 입을 벌려 대답한다면 나무에서 떨어져 목숨을 잃게 되는 데, 이러한 때를 당하여 어찌하겠는가? 라는 화두이다.

전강(田岡, 1898-1975) 스님이 구술한 법거량 일화이다.

서울 선학원에서, 용성(龍城, 1864-1940) 스님이 만공 스님께 물었다.

"어묵동정語默動靜을 여의고 이르십시오."

만공 스님이 양구良久하시니, 용성 스님께서 다시 물었다.

"양구 하십니까?"

결국 만공 스님은 "아니오." 하고 말았다.

두 큰스님네가 멱살을 붙잡고 한 흙탕 속에 빠지고 만 것이니, 문자만 아는 학자들을 죽인 도리가 아닐 수 없다.

이렇게 활구법문을 보인 두 분 스님은,

"그러면 영신(전강 스님)이는 어떻게 이르겠느냐?"며 전강 스님께 화살을 돌렸다.

이에 전강 스님이 답했다.

"어묵동정을 여의고 무엇을 이르라는 말입니까?"

선문답禪問答은 답答없는 답答을 찾아가는 길[道]이다.

그래서 오직 모르고 모를 뿐인 그 답이 사량분별思量分別로
나오는 답이 아닌 '이것이 무엇인고?' 이뭣고이다.

화두話頭 ● 이뭣고

법화경法華經 사구게에 이르시길,

제법종본래諸法從本來 상자적멸상常自寂滅相

불자행도이佛子行道已 내세득작불來世得作佛이라.

모든 법은 본래로 늘 열반상涅槃相이고 항상 적멸한 모습
그대로이다. 깨쳐서 중생을 고쳐 부처가 되는 것이 아니고,
탐진치貪嗔癡 삼독三毒이 곧 열반涅槃이며, 사바세계 고해苦海
가 그대로 정토淨土인 것이다.

보고 듣고 생각하는 육근육식六根六識의 경계로부터 뒤돌아
거슬러 올라가면 간격間隔이 없어지고 근본 본각本覺인 진여
불성眞如佛性 자리에 이른다.

천강유수천강월千江有水千江月이라.

하나의 달이 천강에 비치면 천 개의 달이 형상形相으로 나

타나는 데 그 숫자가 바로 공간空間이다. 그러나 달이 지면 그림자 역시 사라진다. 이와 같이 밖으로 보이는 산하대지 전체가 본래는 그 실체가 없는 무상성無相性이다. 꿈을 깨면 꿈속의 영상들이 순식간에 사라지는 것처럼, 이러한 환유幻幽가 사라지는 게 반야般若이고 쌍차雙遮이며, 반야는 그대로 지혜광명智慧光明이니 쌍조雙照이다.

한 생각이 일어나면 생멸육도生滅六道가 일어나고, 한 생각 이뭣고로 그 뿌리를 뽑아버리면 생사가 없는 적멸寂滅이다. 번뇌煩惱는 본래 뿌리가 있어서 제 스스로 자라나는 게 아니다. 한 생각에서 일어난 일시적인 조작일 따름이다. 생生 또한 중생이 육식六識으로 느끼면서 세상이 마치 실재實在하는 것처럼 인식認識하고 집착執着하나, 모든 존재는 연기성緣起性에 의하여 나타나고 사라지니 본래 무생無生이다. 5온五蘊 역시 본래 자성이 없어 공空이다. 그것이 공한 줄 알아 집착執着하지 않으면 무아無我인 본래부처인 것이다.

처염상정處染常淨 염정불이染淨不二라.

연꽃 뿌리는 비록 연못의 진흙탕 속에 함께하고 있지만, 연꽃과 그 뿌리는 절대 오염되지 않기 때문에 염染과 정淨이 불이不二이다.

보리菩提는 진리眞理를 깨달아 지혜를 발현發現시키는 것을 말한다. 번뇌가 병病이라면 보리菩提는 그것을 녹이는 약藥이다.

중생이 꿈속의 유위법有爲法에서 벗어나는 가장 빠른 길[道]이 화두話頭 이뭣고이다. 부처와 도道가 무엇이냐고 물으면 선사들은 화두話頭를 던진다.

문처즉답問處卽答이라.

"지금 묻고 있는 너 자신을 되돌아보고 스스로 답을 찾으라."는 것이다. 육근六根의 경계를 차단하는 것이 바로 은산철벽銀山鐵壁이고, 화두 이뭣고는 이것을 바로 뚫고 들어가는 문門이다. 즉 경계에 끄달려 사생육도四生六道로 다생겁래多生劫來 돌아다니던 미아迷兒가 고향집으로 돌아갈 수 있게 하는 것, 그것이 이뭣고이다.

소동파의 누이동생이라 전하는 소소매蘇小妹의 선시禪詩이다.

월마은한전성원月磨銀漢轉成圓
소면서광조대천素面舒光照大千
연비산산공착영連臂山山空捉影
고륜본불낙청천孤輪本不落靑天
묵계보리대도심默契菩提大道心

"저 달은 은하수를 돌고돌아 둥글어졌는지 하얀 얼굴 밝은 빛이 온 천하를 다 비추네. 팔과 팔을 이은 듯 뭇 산들은 달 그림자 잡으려 애를 쓰는데, 높이 뜬 달은 본래의 푸른 하늘 제자리를 벗어나지 않고, 묵묵히 보리菩提 대도심大道心에 계합하네."

중생들은 스스로가 자성청정自性淸淨한 본래 부처인 것을 망각한 채, 원숭이처럼 물에 비친 그림자를 나로 착각하여 평생을 집착과 번뇌 속에서 꼭두각시놀이를 하며 보내고 있다.

❀ 성불成佛로 가는 길 ● 이뭣고

화두 이뭣고 수행단계를 보면 처음에는 별다른 의심 없이 입으로 중얼거리곤 하는 데, 이를 사구死句라 한다. 그러나 일념으로 계속 들다보면 차츰 사구에 생명이 붙어 활구活句가 된다.

그 다음 단계가 이뭣고, 즉 '이것이 무엇인고?'에서 '이것'을 비춰 보게 된다. 여기까지가 견見의 단계이다.

화두는 관觀하는 것이다. 견見은 육안과 업식으로 보는 것이나, 관觀은 심안心眼으로 중도中道를 꿰뚫어 보는 것이다. 아상我相을 보는 것이 아니고 무아無我를 보는 것이다. 이 단계에서 이뭣고의 이[是]가 바깥에서 자성自性 자리로 환지본처還地本處 하게 된다.

그러면 이뭣고에서 보는 이것이 무엇인고, 회광반조廻光反照하는 '이것이 무엇인고.' 하는 주인 자리를 참구하게 된다.

그러나 이뭣고가 그대로 답答이어서 그것을 의심하고 의심해서 화두일념으로 만드는 것이 아니다. 그것은 생각으로 조작하는 것이기 때문에, 여기에서 초점을 이것이 아닌 이[是]를 직관直觀함으로써 이[是]와 즉卽하여 본체가 드러나는 견성見性을 이루는 것이다.

불교에서의 견성見性은 마음의 근원적根源的 활동성인 공적영지空寂靈智에 대한 사유思惟가 아닌 직관直觀이어야 한다. 즉 인식認識의 틀에서 벗어난 바로 그 자리, 자기면목自己面目을 바로 보는 직관이 불법佛法의 요소要素이다.

✿ 이것이 무엇인고? ● **이뭣고**

육조혜능 스님이 법회에서 일렀다.

유일물有一物 무두無頭 무미無尾 무명無名 무자無字 상주천上柱天 하주지下柱地 명여일明如日 흑사칠黑似漆 상재동용중常在動用中 동용중수부득動用中收不得 시심마是甚麼잇고.

"내게 한 물건이 있는데 머리도 없고 꼬리도 없으며 형상도 없고 이름도 없으되, 위로는 하늘을 떠받치고 아래로는 땅을 받치며 밝기는 태양과 같고 검기는 옻칠과 같도다. 항상 동용하는 가운데 있으나 거두어 얻지 못하니, 이것이 무엇인고?"

하고 물으니, 하택신회(荷澤神會, 670~762)가 답했다.

"모든 부처님의 근본이며 신회의 불성입니다."

"뭐라고 이름을 붙이려 해도 붙일 수 없고, 모양을 그릴 수도 없는데, 어찌 네가 모든 부처님의 근본이며 신회의 불성이라고 말하는가?"

깨달음은 이름을 붙일 수도 없고 모양을 그릴 수도 없는 고요한 마음자리, 곧 적정寂靜을 말한다. 육조 스님은 이 '고요한 마음자리'를 중생을 위해 '깨달음'이나, '밝은 마음'으로 표현하였다. 그러므로 눈앞에 어떤 경계가 있어서 '나'의 대상 경계가 존재하는 시비분별是非分別은 '고요한 마음'이 될 수 없다.

저 '고요한 마음자리'에 중생인 내가 어떻게 존재할 것이며, 내가 존재하지 않는 데 중생의 번뇌는 어떻게 일어날 수 있겠는가? 이 자리에서는 온갖 번뇌와 해탈이 공성空性으로 똑같은 모습이어서 얻을 것도 없는 것이니, 그래서 오직 모르고 모를 뿐인 이뭣고인 것이다.

회광반조廻光返照 • 이뭣고

간화선은 분별심을 초월한 경계의 수행법이다. 생각 이전 무분별無分別의 입장에서는 '안다', '모른다'를 뛰어넘은 유불회론唯不會論이라. 오직 모르고 모를 뿐이다.

참선參禪은 알고 있는 분별의 세계를 떠나 오직 모르는 무분별에서 시작한다. 대혜종고 선사의 이뭣고도 오직 모를 뿐에서 시작한다. 이는 우주와 인간에 대한 실존의 문제이다. 깨침의 본질인 본래면목本來面目을 사유思惟가 아닌 이뭣고 직관直觀을 통하여 체득體得하는 것이다.

원각경에 이르시길,

선남자善男子 유작사유有作思惟

종유심기從有心起 개시육진皆是六塵

망상연기妄想緣起 비실심체非實心體라.

"선남자여, 유작사유를 쫓아 마음이 일어난 것은 모두가
다 육진이며, 그로 인해 허망한 한 생각으로 인한 기운이니,
사실은 본체가 아니니라."

이여공화已如空華 용차사유用此思惟

변어불경辨於佛境 유여공화猶如空華

부결공과復結空果 전전망상展轉妄想 무유시처無有是處라.

"이미 허공 꽃과 같아서 이 사유를 사용하여 부처의 경계
를 분별한다면 오히려 허공 꽃이 다시 허공에 열매를 맺는 것
과 같으니라. 망상만 굴리는 것이니 옳지 않느니라."

약이윤회심若以輪廻心 사유즉선복思惟卽旋復

단지윤회제但至輪廻際 불능입불해不能入佛海라.

"만약 윤회하는 마음으로 사유한 즉 다시 뒤집는 것이니,
다만 윤회의 경계에 머무를 뿐이요, 부처의 바다에는 들어가
지 못하느니라."

비여소금광譬如銷金鑛 금비소고유金非銷故有

수부본래금雖復本來金 종이소성취終以銷成就라.

"비유하자면 금광석을 녹여 얻은 금은 녹임으로 인해 생긴

게 아니니라. 금광석에 들어 있는 금은 비록 본래 금이지만 마침내 녹여서 금덩어리가 되는 것과 같으니라.”

어떤 학승이 “개도 불성이 있습니까?”하고 물으니, 조주 스님이 답했다.

“무無.”

이때 수행인은 ‘어째서 무無라 하였는고?’ 하고 탐구하는 것이 아니라, 바깥 경계로 향해 있는 마음을 안으로 되돌려야 한다. 회광반조廻光返照하여 ‘내가 누구인가?’ 하는 강한 의심이 작열해야 하는 것이다.

여하시불如何是佛이릿고.

“어떤 것이 부처입니까?”라고 묻는 이 질문에 대한 답 또한 종사宗師에 있는 것이 아니다. 여시불如是佛, 즉 “네가 부처니라.” 문처즉답問處卽答이니, 묻는 네가 부처라는 것이다.

객관적 대상을 본다는 것은 업식業識에 의해 투사된 그림자 상황을 보는 것이다. 업식業識의 그림자를 내 마음, 나 자신이라고 착각錯覺하는 것이 중생의 마음이고 자아自我이다. 이 분별 망념을 일시에 놔 버릴 때가 ‘오직 모르고 모를 뿐’이며, 그래서 이뭣고인 것이다.

선禪이란 한 생각이 일어나기 이전으로 돌아가는 것이다. 한 생각이 일어나 망념妄念으로 번지기 전에 그 즉시 알아차리고 이뭣고로 그 뿌리를 잘라 버림으로써 업장 소멸은 물론 금생성불을 이룰 수 있다.

❀ 시심마是甚麽 ● 이뭣고

이뭣고는 제불보살의 불모佛母로서 반야지혜를 살려 쓰는 대활구大活口이며, 시是는 일체만법一切萬法을 들이고 내는 당처이다. 시是에는 부처님의 불가사의不可思議한 암호밀령이 다 들어 있고 부처님의 지혜와 복덕이 구족具足되어 있다. 수천 생 전부터 지어온 업장과 번뇌 망상을 모두 녹여주는 용광로이기에 아플 땐 약사여래불이 되고, 소원을 이루고자 하면 관세음보살이 되어 준다.

이뭣고 하는 것은 내 자성불自性佛과 마음속에 있는 마구니하고 치열한 전쟁을 하는 것이다. 일체 불안不安과 시비是非, 속박束縛에서 벗어나 가장 자유롭고 존귀하고 행복하게 되는 길이니 만법萬法의 왕王이 되는 수행이다. 이뭣고는 성불의 방문을 열고 들어가는 문고리와 같다. 이뭣고 당처가 부처님 마음자리이니 한 생각만 뒤집으면 바로 부처가 되는 것이다.

중생의 분별심分別心은 생사윤회의 길잡이가 되지만 이뭣고는 생사를 해탈케 하는 법이다. 너와 내가 없는 절대 행복만이 상존常存하는 현생의 극락세계極樂世界이다.

남악회양 스님이 찾아오니 육조 스님이 물었다.
시심마물임마래是甚麽物恁麽來?
"어떤 물건이 이렇게 왔는고?"

회양 스님이 대답을 찾지 못해, '이 물건이 무엇인고?' 즉 이뭣고 화두를 가지고 8년간을 수행한 끝에야 확철 대오하고, 육조 스님을 다시 찾아가 답을 올렸다.

설사일물즉부중說使一物卽不中이라.

"설사 한 물건이라 해도 맞지 않습니다."

"도리어 수증할 것이 있느냐?"

수증즉불무修增卽不無 오염즉부득汚染卽不得이니다.

"닦아 증證할 것이야 없지는 않습니다마는 오염汚染될 수는 없습니다."

"너도 또한 그렇고 나도 또한 그러하니라."

즉 "일여 평등한 진리를 차별심을 가지고 자타自他, 고하高下, 시비是非하는 것은 없습니다." 하여 인가를 받은 것이다.

❀ 불자拂子 ● 이뭣고

성수(雲峰性粹, 1889-1946) 스님이 혜월(慧月, 1861-1937) 스님을 찾아가 여쭈었다.

"삼세의 모든 제불과 역대 조사는 지금 어느 곳에 안심입명安心立命하고 계십니까?"

그러나 혜월 스님이 입을 다물고 계시니[良久], 성수 스님께서 냅다 옆구리를 한 대 치고 다시 여쭈었다.

"산 용龍이 어찌해 죽은 물에 잠겨 있습니까?"

"그럼 너는 어찌 하겠느냐?"

성수 스님은 불자拂子를 들어 보였다.

"아니다."

성수 스님께서 다시 답했다.

"스님, 기러기가 창밖을 난 지 이미 오래입니다."

그러자 혜월 스님께서 한바탕 크게 웃으시더니 말씀하셨다.

"내 너를 속일 수가 없구나!"

이미 깨친 면목을 확인한 혜월 스님은 그 자리에서 성수 스님을 인가하고, 호를 운봉雲峰으로 하여 전법게를 내리셨으니 다음과 같다.

일체유위법一切有爲法 본무진실상本無眞實相
어상약무상於相若無相 즉명위견성卽名爲見性이라.

"일체 유위법은 본래 진실된 모양이 없으니 저 모양 가운데 실상이 없는 줄을 알면 곧 이름하여 견성見性이라 하니라."

진여실상眞如實相은 불변不變이다. 이 불변의 진리가 수연隨緣하여 만법萬法을 이루나, 일체의 유위법有爲法은 꿈속에 있는 허상虛想이다. 이뭣고의 '이'는 본래 생사가 없는 진리眞理 그 자체이다.

백장(百丈懷海, 749-814)이 마조 스님을 친견하러 갔을 때였다.

마조 스님이 불자拂子를 꼿꼿이 세우자, 백장이 물었다.

"이것 그대로 마음을 씁니까? 아니면 이것을 떠나서 마음을 씁니까?"

그러자 마조 스님이 불자를 선상 귀퉁이에 걸어 놓고 말없이 있다가 물었다.

"그대는 훗날 이렇게 두 입술을 함부로 놀리면서 어떻게 사람을 가르치려는가?"

백장이 불자를 빼앗아 꼿꼿이 세우자 마조 스님이 다시 물었다.

"이것 그대로 마음을 쓰는가, 아니면 이것을 떠나서 마음을 쓰는가?"

백장은 아무 말 없이 불자를 들어 선상 귀퉁이에 걸었다. 이에 마조 스님이 우렁찬 할을 내지르니, 백장은 그 소리를 듣고 3일 동안 귀가 먹어 버렸다.

마조 스님이 불자를 세워 잠잠한 백장의 가슴에 파란을 일으키려 했으나, 백장은 스승의 의중을 간파하고 먼저 질문을 던졌다. 백장이 제기한 물음은 가문의 비밀을 백일하에 누설한 것이며, 마조 자신의 보검寶劍을 탈취해 휘두른 것과 같다.

불자拂子는 수행자의 마음의 티끌과 번뇌를 털어 낸다는 상징적인 의미를 지닌 불구佛具이다. 그러나 **이뭣고** 화두와 연결되는 순간, 불자는 일체처 일체시에 반야지혜를 살려 쓰는 활용活用이며 찰나에 업장을 소멸시키는 금강보검金剛寶劍으로 작용한다.

    수산주修山住가 지장계침 스님을 찾아가니, 스님이 물었다.
"어디서 오는가?"
"남방에서 옵니다."
"남방의 불법은 요즘 어떠한가?"
"분별이 끝이 없습니다."
이에 스님이 말했다.
"어찌 여기서 밭에 씨앗을 심어 일구어 밥을 먹는 것만 하겠는가?"
    하지만 선사의 의중意中을 제대로 받아들여 깨치지 못한 수산주는 수확도 없이 수천 리 길을 되돌아갔다. 수산주는 그 뒤 많은 세월이 지난 뒤에야 천신만고 끝에 다시 계침 스님을 찾았다. 그러나 스님께서 병석에 누워 계시니 가르침을 구할 수가 없었다. 이에 수산주는 자신도 모르게 신세타령을 하고 말았다.
    "이렇게 오랜 시간을 걸려 다시 찾아왔건만 큰스님께서 열반을 앞두고 계시니, 한 번도 아니고 두 번 모두 허사가 되었습니다."
    그러자 누워 있던 계침 스님이 조용히 일어나 좌정하더니 불자拂子를 잡고 말했다.
    "이 불자는 영겁의 한 찰나도 너를 등진 적이 없느니라."
    그 순간, 수산주의 머릿속에서 번개불이 일었다.

뼈에 사무친 알구월심一久月心이 일언지하에 도道를 성취케한 것이다.

❀ 생활선生活禪 ● 이뭣고

간화선은 대혜종고(大慧宗杲, 1089-1163) 스님에 이르러 1,700 공안으로 체계화되었다. 간화선에서의 화두는 분별과 망상을 확실하게 소멸시켜버리는 금강보검이라 할 수 있다. 간화선에서는 특히 생활선을 강조한다.

한암 스님은 서신에서,

"꼭 부처님 앞에서 참선해야만 되는 것이 아니다. 오히려 직장에서 사무를 보거나 어느 곳에서든 일을 하는 복잡한 가운데서 득력得力하는 것이 고요한 곳에서 좌선坐禪하는 것보다 10만 배나 더 힘이 있는 것이다." 하였으며,

전강 스님 또한,

"참선을 농사지으며 왜 못혀? 생활 참선을 해야 하는 것이지. 다 끊고 여의고 돌아와서 가만히 혼자 앉아서 이뭣고만 하는 것은 그것은 쪼가리, 절름발이 참선이요, 소승 참선이지 대승 참선 아니다. 농부가 쟁기를 지고 논 갈러 가는 것도 생사해탈의 도리요, 여인네가 호미 들고 밭 매러 가는 것도,

숟가락 들고 밥 먹는 것도, 일체가 참선 아닌 것이 있으리오. 내 찾는 법이 그려. 그저 이뭣고, 알 수 없는 놈 하나면 그만이여. 밥 먹고 옷 입고 오고 가는 소소영영昭昭靈靈한 주인공, 이것이 도대체 무슨 물건이냐? 알 수 없거늘, 제가 무슨 이치理致를 붙여서 죽이지 말고, 대답하려고 애쓰지 말고, 알 수 없는 그 놈 하나 이뭣고를 가지고 비비고 들어가라." 하셨다.

부처님께서 어느 날 나무 아래 앉아 계셨는데, 마침 장사꾼이 돼지 새끼를 메고 지나가자 그에게 물었다.
"그대가 메고 가는 것이 무엇이냐?"
그러자 장사꾼이 어이가 없다는 듯 되물었다.
"여래의 지혜를 다 갖춘 분이 돼지 새끼도 모릅니까?"
"그냥 물어 봤노라."

부처님께서는 뻔히 아는 돼지 새끼를 왜 물어보셨을까? 일체중생실유불성一切衆生悉有佛性이라. 형상이 있는 일체 두두물물이 부처 아님이 없건만, 어리석은 중생은 본질本質인 불성佛性은 보지 못하고 겉모습인 돼지만 보고 있는 것이다.

❀ 시심마是甚麽 ● **이뭣고**의 비밀秘密

대혜종고 스님이 정립한 간화선은 하나의 공안公案에 집중하여 가슴속에서 일어나는 천만 가지의 의심을 타파함으로써 대오大悟에 이르게 한다.

참선參禪은 분별의 세계를 떠나 무분별無分別의 세계를 여는 수행법이다. 시심마是甚麽 — 이뭣고 또한 '오직 모르고 모를 뿐'에서 시작하여 우주와 인간에 대한 실존實存의 문제, 즉 '내가 누구인가?'란 근본적인 질문을 깨쳐 본래면목本來面目을 밝히는 수행법이다. 금생今生에 육도고해六道苦海에서 벗어나는 유일한 방법을 제시한 것이다.

객관적인 대상을 본다는 것은 업식業識에 의해서 투사된 그림자를 보는 것이다. 업식의 그림자를 내 마음, 내 자신으로 착각錯覺하는 것이 중생의 마음이고 자아自我이다. 이 분별分別과 망념妄念을 일시에 놔 버릴 때 맞닥트리는 것은 '오직 모르고 모를 뿐'이다. 그리고 그 답答을 찾는 길이 시심마是甚麽인 것이다.

불취외상不取外相 자심반조自心返照라.

"밖으로 일체 관념의 상相을 취하지 말고, 자신의 마음을 돌이켜 비춰 보라."는 이 경구는 초조 달마 스님 이후 육조 스님에 이르기까지 조사선祖師禪의 핵심을 다 담고 있다.

이에 반해 화두선話頭禪이란 한 생각이 일어나기 이전以前으로 돌아가는 것, 한 생각이 망념妄念의 분별심分別心으로 번지기 전에 그 즉시 알아차리고[싸띠], 이뭣고로 그 뿌리를 잘라 버림으로써 공심空心으로 만들어 버리는 수행이다. 일체 분별 망심을 놓아버린 무분별지無分別智에서 천지天地를 꿰뚫는 화두가 이뭣고이다.

육조 스님은 "한 생각 일어나지 않는 것이 좌선坐禪이고, 일체 경계에 어지럽지 않은 행주좌와 어묵동정의 행이 행선行禪이다."고 했다.

최상승의 화두인 '이것'에 초점을 맞춰 직관直觀할 때, 거울에 비춰진 '나'가 아닌 거울 속의 '참나'가 드러난다. 이뭣고로 세세생생 익숙한 천만 가지의 분별망심分別妄心을 하나로 모아 의심의 불덩어리가 되면, 너도 없고 나도 없는 주관主觀과 객관客觀이 사라진 무無의 경지인 타성일편打成一片이 된다. 그러면 제8아뢰야식에 쌓여있던 업장業障이 저절로 녹아버린 그 자리가 바로 생사의 고해苦海를 벗어난 도솔천 내원궁이 되는 것이다.

또한 이뭣고는 지관止觀, 즉 사마타와 위빠사나를 함께 닦는 것이다. 생활 속에서 찰나에 일어나는 불안과 공포, 화禍 등을 완전히 소멸시키고 반야지혜般若智慧를 생활 속에서 살려 쓰는 유일한 핵무기가 이뭣고이다.

❀ **이뭣고로 망념을 쉬어라**

선종의 초조 달마 스님 이르기를,

외식제연外息諸緣 내심무천內心無喘
심여장벽心如墻壁 가이입도可以入道라.
"밖으로 일체 경계에 끄달리지 말고, 안으로는 의식이 전생의 기억을 상대해서 일어나는 일체의 생각을 끊는 것이 장벽같이 되어야 가히 도道에 드는 것이다."

오매일여悟寐一如란 일념불생一念不生하고 전후재단前後裁斷한 무심無心의 경지가 장벽墻壁 같은 것이다. 한 생각도 나지 않기에 과거 미래가 끊어져서 번뇌가 순식간에 쉬고 혼란과 산란을 끊어 없애 종일토록 분별分別이 없다. 마치 나무로 조각한 장승과 같은 까닭에 장벽과 다름이 없다. 이러한 경계가 나타나면 집에 이르는 소식[깨침]이 멀지 않다는 것이다.

이뭣고로 한 생각도 나지 않는 무심지無心地에 들면 밖으로 모든 반연攀緣이 순식간에 쉬게 되고, 혼침과 산란을 끊어 버리게 된다. 이것이 안으로 마음이 헐떡이지 않고 밖으로는 경계에 끄달리지 않는 외식제연外息諸緣 내심무천內心無喘이다.

결국 도道를 성취하려면 쌍차雙遮가 된 데서, 즉 크게 죽은 데서 다시 살아나 쌍조雙照가 되어야 한다. 죽어 가지고 살아나지 못하면 이것은 산송장이다. 크게 죽어서 다시 살아나는 것이 선문禪門의 생명선이며, 그것이 이뭣고이다.

굉지(宏智正覺, 1091-1157) 스님 이르기를,

허극이광虛極而光 정원이요淨圓而耀라.
"공허함이 지극하여 광명이 있으며 청정함이 원융하여 빛나노라."

선禪이란 일체 망상을 떠나서 오매일여寤寐一如한 데서 이 뭣고로 확실히 깨쳐 대원경지가 현발現發해야 한다. 그전에는 전체가 망상인 줄 알아야 한다. 제8아뢰야 무기식까지도 벗어난 그때가 선禪이며, 재가불자들이 생활 속에서 행해야 할 수행법이 이뭣고이다. 망상妄想을 버리라는 것은 캄캄한 먹구름인 제8아뢰야식을 완전히 소멸시켜야 하기 때문이다. 그렇게 할 때 비로소 성불成佛을 이룰 수 있고, 자성을 바로 깨쳐 중도中道를 성취하는 것이다.

❀ 참마음 활용 ● 이뭣고

마음은 작용作用할 때나 작용하지 않을 때나 모양이 없기 때문에 있다고 할 근거가 없다. 하지만 그러면서도 대기대용大機大用으로 온갖 작용作用을 다하고 있기에 없다고 할 수도 없다. 따라서 전도몽상에서 깨어나기 전에는 이치理致만으로 그 마음을 알 수 없다.

유무有無를 넘어선 절대絶對 '없음' 가운데 머물러 쉬는 것이 곧 머무름이 없는 무주無住다. 제불보살이 언제나 머물러 있는 자리, 그곳이 바로 무주의 경계이다. 그곳은 눈앞에 환히 드러나 있지만, 무명無明에 눈이 가려진 중생들은 눈뜬장님이 되어 망상妄想 속에서 길을 잃고 방황하고 있다. 중생이 생사를 윤회하는 것은 의식意識이 인연을 좇아 마음을 조작하기에, 자기 집에 머물러 있지 못하고 밖으로 떠돌기 때문이다.

조주 스님이 대중에게 이르기를,

심생즉종종법생心生卽種種法生
심멸즉종종법멸心滅卽種種法滅이라.

"한 마음이 일어나면 그에 따라 온갖 경계가 펼쳐지는 법이고, 한 마음이 없어지면 온갖 경계도 없어지는 것이다."

그러나 애써 무념무상無念無想을 만들려고 하면 오히려 외도가 된다. 만들려는 그 마음이 본래 무념무상을 가리고 마음을 밖으로 찾아 나서게 하여 평지풍파를 일으키기 때문이다. 보리자성이 본래 청정하다는 것을 믿고 모든 망상을 내려놓으면 저절로 근본이 드러날 터인데, 원숭이같이 천지사방을 쏘다니며 온갖 좋다는 법法을 배우고 쑤셔 넣어 알음알이만 가중시키니, 소화도 못 시키고 고향으로 돌아갈 날은 더욱더 아득하기만 하다.

불법佛法은 생활 속에서 본래의 청정심을 찾는 길을 제시한다. 그 길이 이뭣고이다. 이뭣고는 재가불자라 하더라도 언제든 수행할 수 있는 선법禪法이다. 자신의 마음을 이뭣고로 잘 살필 줄 안다면 그는 행복한 사람이다.

진정한 행복은 지금 이 순간, 살아 있음에 감사하는 마음으로부터 온다. 누구를 시기하거나 질투하는 등의 불쾌한 감정은 그 대상에 대해 이전부터 품었던 마음을 지키려 하는 데서 온다. 하지만 세상의 모든 것이 시시때때로 변하듯이 지금은 예전의 그 물건이나 그 사람이 아니다. 그럼에도 예전 감정만 붙들고 있다면 바보가 아닐 수 없다.

숲속 나무는 크고 작은 것이 서로 어우러진 채 본래의 제 모습을 유지하면서도 커다란 숲을 이루며 살아간다. 사람도 다를 바 없다. 너와 내가 같아야 한다는 생각을 내려놓고 다름을 인정하고 살아갈 때 각자 모두가 아름다운 꽃으로 피어날 수 있는 것이다.

옆 차선을 달리던 차가 신호를 무시하고 끼어들었다고 화를 내기 전에, 화가 일어나는 내면의 '나'를 바라보는 것도 선의 시작이다. '차가 한 대 끼어들었구나.' 하고 이뭣고로 알아차리다 보면 화는 저절로 사라지고 다친 사람이 없음에 감사하는 마음을 갖게 될 것이다. 이뭣고는 이렇듯 생활 속에서 실천할 수 있는 수행법이다.

✿ 반야지혜般若知慧 ● 이뭣고

반야般若는 자성自性으로부터 나온 것이지 밖에서 들어온 것이 아니다. 반야는 지혜智慧이니 언제 어디서나 생각이 어리석지 않아 항상 지혜롭게 행동한다. 이것이 곧 반야행般若行이다. 한 생각 어리석으면 반야가 끊어지고, 한 생각 슬기로우면 반야가 일어난다.

마음을 쓸 때 잘못이 없으면 진성眞性의 작용이 된다. 또한 반야는 일체법의 자성自性이 공적空寂함을 증험證驗하고 그 실상實相인 '시是'를 직관直觀하여 진여眞如를 체득體得하는 지혜이다.

선종이 표방한 직지인심直指人心 견성성불見性成佛은 인간의 본성을 대상화하여 보는 것이 아니라, 중생이 본래부터 깨달음의 성품을 지니고 있는 존재로 보는 것이다. 이것을 알고 난 다음 부처가 되는 것이 아니라, 그 본성을 아는 것 그대로가 부처라는 것이다. 즉 성불은 부처가 되는 것이 아니라 본래 부처를 이루고 있음을 깨닫는 것이다.

쌍차쌍조雙遮雙照라.

양변을 막음으로써 쌍으로 통하고 쌍으로 비추니 차遮와 조照 양변을 초월하여 융통자재하다는 말이다. 모든 차별적인 선악이나 유무를 완전히 초월하는 동시에 완전히 융합하는 것이 중도中道[부처]이다. 관세음보살을 염할 때를 비유하자면, 염불하는 나와 관세음보살이 둘이 아닌 하나[一心]가 되었을 때[쌍차], 반야지혜의 광명이 비추는[쌍조] 것이다.

이뭣고는 거짓 '나'가 빠진 자리에서 중도中道의 여의보주如意寶珠를 굴려 쓰는 수행이며, 이것이 반야지혜의 작용이다. 지혜智慧를 굴려야 반야般若이고 공덕功德이 따라야 바라밀이다.

대지도론大智度論은 반야바라밀이, "모든 보살이 초발심에서 일체의 지혜를 구求하며 일체 만법의 참된 모습[諸法實相]을 깨달아 아는 지혜"이며, "반야는 일체의 모든 지혜 가운데 제일"이라고 말한다.

대승불교는 공空과 반야를 같이 주장하고 있는 데, 반야의 지혜는 일체의 번뇌 망념을 텅 비우는 공空의 실천을 통해 가능하기 때문이다.

한편 대지도론은 반야를 실상實相·관조觀照·문자文字반야 등 삼종반야로 구분하여 설명한다. 실상반야는 반야의 본체로서 사람들이 본래 구족具足하고 있는 허망상을 떠난 참된 성품인 불심佛心이고, 관조반야는 실상을 관조하여 일체의 번뇌煩惱와 망념妄念을 타파하는 참된 지혜이며, 문자반야는 지혜의 이치[실상]를 설명한 문자로 표현된 반야, 즉 경전의 가르침을 뜻한다. 문자반야는 방편반야라고도 한다.

✿ 무위진인無位眞人 ● 이뭣고

무위진인이란 초발심에서 성불成佛에 이르는 수행단계인 52위에 떨어지지 않고, 범성凡聖·상하上下·귀천貴賤을 초월한 차별이 없는 참된 사람을 말한다. 영원한 시간과 무한한 공간 속에서 주체적인 삶을 살아가는 사람이라고 할 수 있다.

다시 말해 '나'라는 존재가 개별성을 초월한 무위진인임을 확인하고 실천할 때 우주의 주인공으로서 '나'의 참다운 면목을 이어갈 수 있는 것이다

인간은 전생의 생각인 업장 속에서 현재의 삶을 이어간다. 하지만 한 생각의 뿌리를 바로 알아차려 이뭣고로 뽑아버린다면 분별심이 아닌 착한 본래의 마음으로 생활을 영위할 수 있

다. 이것이 참다운 수행이며 금생 성불成佛을 이루는 공덕이
되는 것이다.

임제일구치천금臨濟一句置千金이라.
임제의 이 한 구절 법문이 어찌 천금으로 그 값을 대신 할
수 있겠는가?

무위진인은 웃기도 하고 울기도 하며 또 손과 발을 통해서
자유롭게 출입하지만 보통 사람들은 항상 같이 하면서도 알
지 못한다. 형상도 없고 이름도 없고 색깔도 소리도 없다. 하
지만 언제나 이뭣고와 함께하는 참사람이라면 그가 바로 무위
진인이라 할 것이다.

✽ 경허 스님 '참선곡'의 **이뭣고**

홀연히 생각하니 도시몽중都是夢中이로다.
천만고千萬古 영웅호걸 북망산 무덤이요
부귀문장富貴文章 쓸데없다, 황천객을 면할소냐.
오호라 이내 몸이
풀끝에 이슬이요 바람 속에 등불이라.
삼계대사三界大師 부처님이 정령히 이르사대
마음 깨쳐 성불하여 생사윤회 영단永斷하고
불생불멸 저 국토에

상낙아정常樂我淨 무위도無爲道를
사람마다 다할 줄로
팔만장교八萬藏教 유전遺傳이라.
사람 되어 못 닦으면 다시 공부 어려우니
나도 어서 닦아보세.
닦는 길을 말하려면 허다하게 많건마는
대강 추려 적어보세.

앉고 서고 보고 듣고
착의끽반着衣喫飯 대인접화對人接話
일체처一切處 일체시一切時에
소소영영昭昭靈靈 지각知覺하는
이것이 무엇인고. ― 이뭣고
몸뚱이는 송장이요 망상번뇌 본공本空하고
천진면목天眞面目 나의 부처
보고 듣고 앉고 눕고 잠도 자고 일도 하고
눈 한번 깜짝할 제 천리 만리 다녀오고
허다한 신통묘용神通妙用
분명한 이 내 마음 어떻게 생겼는고.
의심하고 의심하되 고양이가 쥐 잡듯이
주린 사람 밥 찾듯이 목마를 때 물 찾듯이
육칠십 늙은 과부 외자식을 잃은 후에
자식 생각 간절하듯 생각생각 잊지 말고

깊이 궁구하여 가되

일념만년一念萬年 되게 하야

폐침망찬廢寢忘饌 할 지경에

대오大悟하기 가깝도다. … 이하 생략 …

❀ 성철 스님의 **이뭣고**

우리가 법회할 때, 시작할 때나 마칠 때나 늘 '이것이 무엇인고?' 하는 데, '이것이 무엇인고?' 한 이것을 부지런히 하고 이것을 바로 깨쳐야만 일승도 성취하는 것이고, 무여열반도 성취하는 것이고, 오분법신도 성취하는 것이고, 무위법도 성취하는 것이다 그 말이여.

그래서 요새 내가 며칠 동안을, 한 열흘 동안 기를 쓰고 애길 했는데, 근본 이걸 성취하느냐? 밥 얘기만 그치고 말 것이냐? 아니다 말이여. 밥 얘기하는 것은 밥을 어떻게 했으면 우리가 잘 먹고 우리가 좀 편하게 살 수 있나, 이기 문제이지 밥 얘기만 실컷 해 놓고 배가 고파서 기운이 없어서 일어나지도 못하게 되면 어찌 되냐 이 말이야.

우리가 실지로 배부르게 밥을 먹으려면 실천해야한다 말이여. **이뭣고**를 부지런히 해야한다 그 말이라. 법문 시작할 때부터 끝까지 이뭣고를 놓치지 말고 들어야 실제 참다운 법문이 되지, 그렇지 않으면 산 송장, 내가 늘 하는 소리 우습겠지만 신주 없는 제사가 되어버리고 말거든.

일승이란 이걸, 완전히 성취하는 데 있어서도 **이뭣고**가 근본이 되어야 된다 이겁니다. **이뭣고**를 바로 알아 깨쳐야 된다 이것이라요.

❀ 혜암 스님의 **이뭣고**

참선은 어디서나 누구나 할 수 있습니다. 승속, 남녀, 유식, 무식, 빈부, 귀천에 차별이 없어요. 마치 암탉이 알을 품는 것과 같이 간절한 마음으로 해야지 하다가 말다 하면 공부가 식어 힘을 얻기가 어렵습니다.

잠깐을 해도 간절히 목적지를 향해 마음으로 해야 효과가 있습니다. 공부하는 사람은 바다와 같은 부동심을 가지고 부지런히 하되, 물이 높은 데서 낮은 데로 쉴 새 없이 유유히 목적지를 향해 끝없이 흐르는 것과 같이 공부해야 합니다. 아무리 힘들고 어려운 일이 생겨도 참고 이겨내야 합니다. 쉴 새 없이 공부할 때 힘을 얻는 것입니다.

사람 몸 받기 어렵고 정법 만나기 어려우니 좋은 인연 만났을 때 이 몸을 제도하지 않으면 어느 생에 이 몸을 건지겠습니까. 간절히 노력하세요.

마음을 걸림 없이 쓰면 공부가 절로 되는 데, 공부하는 사람들이 이것에 걸리고 저것에 걸려 있으면 공부가 되겠습니까? 아무리 슬픈 생각도, 무서운 것도, 좋은 일도 없고 **이뭣고**만 남아 다니는 데 공부가 안되겠습니까?

"지난 일도 쓸 데 없으니 생각지 말고, 돌아올 일도 어떻게 변경될 줄 모르니 생각지 말고, 지금 이 자리 **이뭣고**만 하다 죽어 버려라." 이것이 공부하는 가르침입니다. "물러나지만 않으면 성불하지 못할 사람이 누가 있으리오." 모든 성인들이 이렇게 증명을 합니다. 물러나는 것이 허물입니다.

우리가 항상 몸을 받을 수 있다면 좀 미루어 가면서 공부를 해도 되겠지만, 사람 몸 한 번 잃어버리면 부처님이라는 이름도 듣지 못합니다. 나중에 피 눈물 흘리고 울어도 소용없으니 입을 막고 남은 세월 **이뭣고** 하는 일밖에 없습니다.

이뭣고 화두만 들면 망상妄想은 사라집니다.

한편 혜암 스님은 '화두 드는 법'에 대해 다음과 같이 말했다.

내가 망상을 제거하는 비법을 가르쳐 주겠소. 한 생각을 일으키면 곧 망상인데, 사람이 어찌 생각을 일으키지 않을 수 있겠소? 생각이 일어나면 그것에 끌려가지 말고 "네, 이놈. 이제껏 너를 따라다녀 내가 이 모양이 되었으니 이제부터 네 말 안 듣고 화두만 들란다." 하고 오로지 **이뭣고**만 하시오. 그것이 살 길이오.

공부하는 길만이 살 길이라는 법문이다. 왜 우리가 공부해야 하는지, 마음을 깨친다는 것이 무엇인지, 왜 마음을 깨쳐야 자유인이 되는 건지. 어떻게 공부해야 하는지 있는 힘을 다해서 설명했다.

마음을 깨치지 않고서는 그냥 이렇게 밥 먹고 자식들 부양하며 사는 것이 꿈속의 일일 뿐이라는 걸, 그래서 그 꿈에서 깨어나야 한다는 걸 보여주신 것이다.

✿ 직관直觀 ● 이뭣고

십지十地보살이 성품을 보았다고 했을 때의 경계는 비단을 쳐놓고 바깥의 해를 본 것과 같은 경계이다. 십지보살은 아공我空 · 법공法空을 이룬 수행의 계위를 말하는 데, 이는 과거 · 현재 · 미래의 3세가 없는 경지이다. 화엄의 원돈문圓頓門에 따르면 십지十地에 이르려면 무수겁을 닦아야 한다.

그러나 선방에서 화두를 참구하는 사람은 부처의 본성本性 자리를 바로 짚어서 깨닫기 때문에, 이뭣고 할 때 이미 그것은 전후제단前後除斷이다. 바로 눈앞에 진리를 갖다 대준 격이니 여기에서 한 생각만 돌이키면 깨치는 것이다.

이뭣고의 '이是' 자리는 말과 생각을 붙일 수 없는 자리이다. 다만 '이是'를 직관直觀함으로써 즉卽이 되면 이루어지는 것이다.

그럼에도 '이是'를 놓치고 시간만 보내는 참선 수행자가 부지기수다. 참선을 한다고 해도 가만히 앉아서 억지로 하다 보면 금방 망상이 따라붙어 한두 시간이 훌쩍 가 버린다. 이렇게 생각으로 하는 염화두念話頭는 중생의 기멸심起滅心을 가지고 하는 것이기 때문에 생멸生滅을 거듭할 수밖에 없다.

꿈[夢]은 생각으로 인因하여 생기고, 생각은 전생의 기억[念]으로 인하여 일어난다고 했다. 인간은 잠 속에서 뿐만 아니라 눈을 뜨고 있을 때도 꿈속에 있다는 것을 알지 못한다. 설사 금은 보배가 북두칠성보다 높이 쌓여 있다 해도 명을 마칠 때에 이르면 그저 한 편의 꿈일 뿐이다. 이것이 눈을 뜨고 꿈을 꾸는 것이다.

만약 지혜가 있는 사람이라면 일체가 무상無常함을 스스로 깨달아야 한다. 탐욕과 애착이 윤회의 종자이자 육도의 길잡이가 된다는 것을 있는 그대로 볼 수 있어야 한다. 그러할 때 자신의 성품이 본래 공한 것임을 깨달아 꿈에서 깨어나게 되는 것이다.

유위법有爲法은 꿈[夢]이며 집착執着이다. 이 집착이 한 생각인 분별심을 일으켜 중생으로 머물게 하는 것이다.

❀ 여의보주如意寶珠 ● 이뭣고

참 마음은 내 생명의 원천源泉이며, 우주만물의 본원本源이다. 일체 만법萬法이 모두 이 마음에 근원根源을 두고 있다. 한 법法도 만들어지기 이전에 마음은 모양도 없고 방위方位와 처소處所도 없지만, 인연因緣따라 온갖 묘용妙用을 베푼다.

미고삼계성迷故三界城인데 오고시방공悟故十方空이라.

"중생이 미혹迷惑하면 삼계가 그대로 꽉 막힌 성벽城壁이지만, 깨치면 동서남북이 확 트인 진공묘유眞空妙有한 허공虛空" 그 자체인 것이다.

상相 놀음에 젖어 있는 중생들은 이 소식을 받아들이기가 어렵지만, 여기서 바로 계합契合이 되어야지, 생각으로 헤아리면 즉시 어긋난다.

진여자성眞如自性의 마음자리를 무심無心 또는 공성空性이라 하는 데, 마음이 없다는 것이 아니라, 범부凡夫의 집착執着하는 마음이 없다는 것이다. 이 집착이 유위법有爲法이며, 꿈[夢] 속에서 생사윤회生死輪廻를 안내하는 길잡이가 된다.

마음은 뿌리요 법法은 티끌이니 마치 거울에 묻어 있는 때의 흔적과 같다. 이 업業의 때가 제거되어야 비로소 생사가 없는 불지佛地에 이르는 것이다. 당당한 대도大道는 밝고 분명하여 사람마다 누구나 본래 구족해 있고 원만히 이루어져 있지만, 다만 한 생각으로 인因하여 만 가지 각양각색의 모양을 나타내는 것이다. 세간은 환화幻化이며, 일체는 무상無常한 객진客塵이다. 오직 태허공太虛空의 체體만 있으니, 그 자리에는 형색과 소리를 두지 못하며 털끝만큼의 먼지도 세우지 못한다.

만약 부처님과 조사를 초월하고자 한다면 모름지기 생각 생각이 다 공적空寂해야 한다. 한 생각이 올라올 때 알아차리고 그 생각의 근본 뿌리를 뽑아 공적을 이루는, 처음과 끝의 참 수행이 오직 이뭣고인 것이다. 식심識心으로 구분하는 것은 모두 전도몽상顚倒夢想이다. 그러나 이뭣고로 관조觀照해 보면 유무有無를 떠난 진여실상眞如實相의 반야지혜般若智慧 자리이다.

참 마음을 떠난 일체의 상相은 무자성[緣生法]이어서 생멸生滅이 있고 무상無常한 것이다. 나의 몸뚱이 역시 자성이 없기에 허망한 것이고 인연因緣이 다하면 놓고 가야 한다.

죄罪 또한 무자성無自性이니, 죄성罪性은 본공本空이다. 부처님 당시 99명을 죽인 앙굴리말라가 참회하고 부처님의 제자가 되었던 것도 그 때문이다. 화엄경 입법계품만 보더라도 선재동자가 구도의 길에서 만나는 53선지식 중에는 창녀 바수밀다가 들어있다.

물론 중생의 욕망에 따라 몸을 나타내 제도하는 보살의 화신化身이지만, 업식에서 벗어나면 부처와 중생이 차별差別 없는 본래 부처임을 나타낸 것이라 하겠다.

백겁적집죄百劫積集罪 일념돈탕진一念頓蕩盡이라.
백겁 동안 쌓인 죄도 한 생각에 몰록 소멸시켜 버리는 그일념이 이뭣고이다.

요견삼세제불마要見三世諸佛麽
연하휴해갈沿河休解渴 파병막언기把餠莫言飢라.
"삼세의 모든 부처님을 보려 하는가? 큰 강을 따라 내려가

며 목마르다 하지 말고, 떡을 손에 쥐고 있으면서 배고프다
하지 마라."

모든 부처님과 조사, 8만4천 법문도 다 반야바라밀을 의지
하여 밖으로 드러내 보였으니, 반야를 믿고 생활 속에서 한
생각 올라올 때마다 이뭣고를 놓치지 않는 것이 부처행이며
대신통大神通이다. 오직 모르고 모를 뿐인 답荅 없는 답荅을
찾아가는 유일한 길[道]이 이뭣고이다.

그러므로 가정에서나 직장에서나, 괴롭고 슬플 때나 즐거
울 때나 그 마음을 경계에 끌려가도록 두지 말고 그 순간, 이
뭣고로 곧장 들어가라.

홍로일점설紅爐一點雪이라.

붉은 화로에 눈[雪]한 송이 떨어져 흔적도 없이 녹아 버리
듯이 내 안의 용광로鎔鑛爐인 이뭣고가 분별망상을 녹여 없애
고, 다생겁래로 쌓아온 업장業障을 소멸시킬 것이다.

육조단경六祖壇經에서 이르기를,

보리자성본래청정菩提自性本來淸淨
단용차심직료성불但用此心直了成佛이라.

자성은 본래청정 그 자체이니, 생활 속에서 이뭣고를 굴려
쓰면 그대로 여여불如如佛인 것이다.

중아함中阿含 전유경箭論經의 '독화살 비유 경'이다.

바라문 출신의 수행자 만동자[말룽까뿟따]가 부처님께 여쭈었다.

"이 세상에 종말은 있습니까? 영혼과 육체는 하나입니까, 둘입니까? 만약 둘이라면 육체가 죽은 뒤 영혼은 어디로 갑니까?"

이에 부처님께서 말씀하셨다.

"여기 지나가는 한 나그네가 있다고 하자, 그런데 어디선가 독화살이 날아와 그의 가슴에 박혀 버렸다. 주변에 있던 사람들이 서둘러 화살을 뽑으려 하자, 그 화살을 맞은 사람이 뽑지 못하게 하였다. 그는 '화살이 무엇으로 만들어졌고, 누가 쏘았으며, 무슨 이유로 쏘았으며, 화살의 독은 무슨 성분이며, 어느 방향에서 왔는지 등등, 이 모든 문제를 알기 전에는 결코 이 화살을 뽑지 않겠다.'고 하였다. 그러면 그 나그네의 목숨은 어떻게 되겠느냐?"

"그는 독이 온몸에 퍼져서 죽게 될 것입니다."

"그렇다. 그는 자신의 의문을 풀기도 전에 죽고 말 것이다."

인간에게 가장 중요한 문제는 바로 '나' 자신이 이 세상에 존재하고 있다는 것이다. 따라서 우주가 끝이 있든 없든, 종말終末이 오든 오지 않든 간에 가장 급선무는 생사生死 윤회輪廻로부터 벗어나기 위해 정법을 수행해야 한다는 게 부처님의 말씀이다.

불자로서 금생에 이룰 수 있는 최상의 수행의 목표는 '내가 누구인가?'를 밝히는 것이다. 그리고 이 물음에 답할 수 있는 선문답禪問答이 이뭣고이다.

❀ 행선行禪 ● 이뭣고

향엄香嚴과 앙산仰山은 스승인 위산 스님에게 아침마다 문안 인사를 드렸다. 그러던 어느 날이었다. 앙산이 문안을 드리자 위산 스님이 벽을 향해 돌아누우며 말했다.

"내가 간밤에 꿈을 꾸었는데, 그대가 나를 위해 해몽解夢을 해 보게나."

앙산은 즉시 밖으로 나가 세숫대야에 물을 받아서 위산 스님 앞에 놓고 나갔다.

그 뒤 향엄이 문안을 오자 위산 스님은 이번에도 똑같은 말을 했다. 향엄은 즉시 밖으로 나가 정성껏 차茶를 달여 와 올렸다.

그러자 위산 스님께서 칭찬하여 말했다.

"두 제자의 신통神通이 목련존자木蓮尊者를 지나가는구나."

생사生死에서 벗어나 꿈을 깬 진여실상에서는 억지로 꾸미

지 않는 순수한 평상심이 지극한 도道이며, 그 행선行禪이 바로 생활 속의 이뭣고이다.

❀ 해탈지견解脫知見 ● 이뭣고

해탈지견解脫知見이란 5온五蘊에 대하여 있는 그대로 보는 지혜智慧가 생겨나서 5온이 청정해 졌을 때, 다시는 윤회하지 않음을 깨닫고 더 이상 번뇌煩惱가 일어나지 않는 단계에 이른 것을 스스로 알아차리는 지혜를 말한다. 여실지견如實知見 또는 불지견佛知見이라고도 한다.

인간의 몸은 무시무종無始無終 상주불변常住不變한 마음을 바탕으로 이루어진 하나의 형상形象이다. 마치 풀잎에 맺힌 이슬 같이 실재하는 것 같지만 잠시 머무르는 허상虛像과 같은 것이다. 사회적인 지위와 권력, 명예 등도 또한 허상虛像에 불과하다. 그럼에도 내가 누구인가? 하는 근본적인 물음을 뒤로하고 전도顚倒된 착각 속에서 분별심을 일으켜 생사윤회生死輪廻를 이어가고 있다.

부처는 내 생명과 우주 만물의 본질本質이다. 일체 만물이 본래불本來佛이다. 너와 나, 나와 사물이 둘이 아닌 한 생명인 것이다. 일체 만물은 자비慈悲와 지혜智慧, 행복幸福의 능력을 스스로 갖추고 있는 생명生命이라는 것이 우주宇宙의 도리道理이다. 그런데도 너와 나라는 시비분별을 일으켜 다툼이 끊이지 않는 게 세상사이다. 겉으로는 사랑을 외치면서도 끊임없이 이어지는 분쟁과 전쟁은 이를 잘 보여준다.

집착執着과 탐욕貪慾을 비우고 그 자리에 자비와 사랑을 채우는 것은 종교인의 본질이다. 자기만이 최고라는 아만심我慢心에서 벗어나야 일체가 평등한 자유를 누릴 수 있다. 이러한 현상의 질서를 무시하고 자기 이익만을 추구하는 잘못된 이념理念은 결과적으로 나와 남을 파괴와 혼돈으로 몰고 간다. 죄업罪業이라는 불행의 씨앗을 스스로 심는 것이다.

예루살렘 순례자 박해를 이유로 시작해 360년이나 이어진 십자군전쟁과, 악마로부터 사회를 지키겠다는 믿음에서 비롯된 중세의 마녀사냥, 악惡의 근원으로 믿어 500만 명 이상의 유대인을 희생시킨 히틀러의 홀로코스트, 낡은 사상과 문화를 척결하겠다며 홍위병 만행을 일으킨 마오쩌둥의 문화대혁명은 물론이고, 자신의 죽음을 순교殉敎라 믿고 온갖 폭탄테러를 자행하는 이슬람 극단주의자들의 행동 등은 모두가 왜곡된 사상思想을 바탕으로 인류에게 해악을 끼친 악업惡業의 사례이다.

우리나라 또한 조선시대 사색당파의 결과가 일제의 침략을 불러왔으며, 그것이 6.25전쟁으로 이어졌고 마침내는 남·북한이라는 한 민족 두 나라가 되어 대립하고 있는 것이다. 개인 혹은 집단의 집착과 탐욕이 역사의 향방을 어떻게 바꾸어 놓는지 여실히 보여주는 예라 할 것이다.

나의 욕심과 아집을 내려놓는 수행이 필요한 것도 이 때문이다. 불교인이라면 적어도 상대의 입장과 나의 입장이 다르지 않다는 것을 볼 수 있어야 한다. 세상의 실상을 있는 그대로 보는 여실지견如實知見을 갖춰야 한다. 이러한 불지견佛知見을 갖추는 최상의 참된 수행이 이뭣고이다.

❀ 한 생각 ● 이뭣고

살아가면서 어떤 극한 상황에 처했을 때 분노를 억제한다는 건 쉬운 일이 아니다. 분忿이 치밀어 사람을 때린다 할 때, 정작 때려야 할 대상은 자신의 분심忿心이지 상대방이 아니란 걸 알아야 한다. 그러나 내가 만들어 낸 의식의 관념은 때릴 수도 없고 죽일 수도 없다.

진여眞如는 생각의 바탕이요, 생각은 진여眞如의 쓰임이다.

인식의 주체와 객체, 즉 주관[能]과 객관[所]을 분별하기에 익숙한 중생들은 능소能所를 공空으로 받아들이지 못한다. 따라서 의식 작용을 하는 나 자신을 보려 하지 않고, 의식된 내용에 집착하여 '나'가 실재한다고 믿고 개체화個體化 시키지 못한 그것을 자기 소유로 만들려고 한다. 여기에서 온갖 고뇌와 망상이 생기게 되는 것이다.

모든 생각은 감각기관에서 받아들인 외부 대상에 대한 인식認識과 살아오는 동안 쌓아 놓은 지식, 전생부터 축적된 제8아뢰야식[장식]을 근원根源으로 한다. 업보業報의 반응反應인 것이다. 살면서 느끼는 감정 또한 감각기관에서 받아들인 인식이 나름대로의 평가評價에 따라 생성되는 것이다.

세상사 시비是非는 남의 마음이 내 마음이 아닌 데, 남의 마음을 내 마음 쓰듯 하려는 데서 일어난다. 인간은 원한怨恨이라는 이름으로 마음속에서 키운 보이지 않는 암덩어리들을 평생 짊어지고 다닌다. 심신心身은 고달프고 업業은 영겁永劫에 이어진다.

그러나 현자賢者는 내 마음을 남의 마음에 맞추어 쓴다. 어린아이를 만나면 어린아이와 하나가 되고, 노인을 만나면 노인과 하나가 되니 자연히 화합和合이 되는 것이다. 욕심慾心 때문에 어느 한쪽에 치우쳤던 것을 반성하고 거짓 나[假我, ego]를 내려놨을 때, '참나'로부터 지혜智慧가 일어난다. 기적奇積이 일어나는 것도 이 때문이다.

부처님께서 동자童子와 함께 길을 가고 있었다.
부처님께서 동자에게 물었다.
"너의 신발이 크겠느냐? 나의 신발이 크겠느냐?"
보통의 어린아이라면 당연히, "제 신발보다 부처님 신발이 큽니다."라고 답했을 텐데 동자의 답은 달랐다.
"부처님 신발과 제 신발이 같습니다."
"왜 같다고 생각하느냐?"
동자가 답했다.
"제가 부처님께 가서 부처님과 하나가 되면 부처님 신발이 제 신발이 되고, 부처님께서 저에게 오셔서 저와 하나가 되면 제 신발이 부처님 신발이 되니, 부처님 신발과 제 신발이 같습니다."

"장하도다. 동자여!"

이렇듯 한 생각만 바꾸면, 일체一切가 나 아님이 없는 도리 道理를 깨치게 된다. 여기에 무슨 분별分別이 따르겠는가? 모든 번뇌 망상은 한 생각으로 인한 감정에서 일어난다. 그 한 생각을 알아차리고 이뭣고로 내려놓을 때 내 안의 참 지혜를 쓸 수 있는 것이다.

야부冶父 스님 송頌하기를,

산당정야좌무언山堂靜夜坐無言

적적요요본자연寂寂寥寥本自然

하사서풍동림야何事西風動林野

일성한안여장천一聲寒雁淚長天이라.

"고요한 밤 산사에 홀로 앉아 있으니 적막함이 자연 본래 모습 그대로 진여眞如의 마음인데, 어찌하여 서풍[西風, 한 생각]은 잠든 숲을 흔들어 놓고 차가운 밤 외기러기 만리장천을 울며 떠돌게 하는고?"

넷째 마당

밖에서 찾지 마라

참으로 나는 것이 없으면 나지 않는 것이 없다.

밖에서 찾지 마라

사람들은 자신을 등지고 뜬구름 같은 몸과 마음을 나로 삼아 전도顚倒된 무명無明에 싸인 채 살아간다. 전도몽상顚倒夢想으로 인한 몸에 대한 애착과 집착이 뼈에까지 사무치고 세포 하나 하나에까지 각인刻印되어 고질병이 된 오온의 덩어리가 사람이다. 자성번뇌自性煩惱는 뿌리가 없다. 오직 마음이 미迷해서 일어나는 조작造作일 뿐이다.

그렇다면 번뇌의 근원인 전도몽상을 제거하는 방법은 무엇일까. 무엇보다 먼저 불교의 가르침에 대한 믿음을 가져야 하며, 가르침대로 수행하고자 하는 마음을 일으켜야 한다.

법화경 신해품은 '장자長者와 궁자窮子의 비유'를 들어, 어리석어 밖으로만 떠돌던 아들이 거지가 되어 50년 동안 춥고 배고픈 온갖 고생을 하다가 철이 들어 부모를 생각하며 고향으로 발길을 돌리는 것이 발심發心이며, 내 아버지가 장자[본래 부처]임을 믿는 것이 신심信心이라는 것을 보여준다.

통현(李通玄, 635-730) 장자 신화엄경론新華嚴經論에서 이르기를,

불시중생심리불佛是衆生心裏佛
수자근감무이물隨自根堪無異物

욕지일체제불원欲知一切諸佛源

오자무명본시불悟自無明本是佛이라.

"부처란 중생의 마음속에 있는 부처이니, 자신의 근기에 따를 뿐 다른 것이 아니라네. 일체 부처님의 근원根源을 알고자 하는가? 자신의 무명無明만 깨달으면 그대가 바로 부처라네."

중생이 한 생각 무명인 탐진치貪嗔癡 삼독심三毒心에서 벗어나면 그대로 부처이다. 한 생각 허공같이 텅 빈 자리가 적멸寂滅이며 나의 본래 성품이 원점原點이다. 그러나 이름 붙이기 이전의 이 자리는 오직 모르고 모를 뿐이다.

이렇게 이름도 모양도 말길도 한 생각도 일어나지 않는 자리, 나와 내 우주와 일월성신 산하대지가 하나 된 자리를 드러내는 유일한 통로通路가 이뭣고이며, 부처이고 화두話頭인 것이다.

하지만 바르게 공부하는 이가 드물기에, 조선조 소요태능 (逍遙太能, 1562~1649) 스님이 이르기를,

가소기우자可笑騎牛者 기우갱멱우騎牛更覓牛

작래무영수斫來無影樹 소진수중구燒盡水中漚라.

어리석어 소를 타고 소를 찾는 짓을 하며, 존재하지도 않는 그림자 없는 나무를 베어다가 바다의 물거품을 다 태워버린다고 했던 것이다.

무영수, 즉 그림자 없는 마음이 이뭣고인데, 그 마음을 가지고 마음을 찾고 있다. 온천지가 다 마음이며, 우주만유가 다 마음인데, 자기 집 안방에 앉아 자기 집을 찾고 있는 꼴인 것이다.

불법은 마음을 돌려 비춰 보는 데 있다. 그러나 마음의 형용은 찾아서 잡히는 것이 아니다. 모든 것은 다 일념의 공심空心이다. 하기에 마음을 이뭣고로 반조反照하지 못하면 바깥 사물事物에 쫓기고 전도되어 억겁토록 고향에 이르지 못한다.

천성멱타종불견千聖覓他縱不見
전신은재태허중全身隱在太虛中이라.
"천만 성인이 밖으로 저를 찾으려 애를 써도 찾을 수 없더니, 온몸으로 태허공 가운데 그대로 숨어 있었구나."

바닷물에 짠맛이 있다 해도 그 맛을 잡아낼 수 없듯이, 심체心體도 허공虛空 같아서 모양이나 빛깔로 찾을 수 없다. 무명無明을 깨치기 전엔 찾을 수 없는 경계이니, 무명이 진여眞如를 이기는 염법훈습染法(=妄心)薰習에 머무르지 말아야 한다.

수적석천水滴石穿이라.

오직 처마 밑 작은 물방울이 댓돌을 뚫듯이, 이뭣고로 진여가 무명을 이기는 정법훈습을 놓지 말아야 할 것이다.

자각종색(慈覺宗賾, 송대) 스님 좌선의坐禪儀에서 이르기를,

염기즉각念起卽覺 각지즉무覺之卽無라.

"한 생각이 일어나면 즉각 알아차려라. 알아차리면 즉시 소멸된다."고 했으며,

동산(洞山良价, 807-869) 스님은 과수게過水偈에서,

절기종타멱切忌從他覓 초초여아소迢迢與我疎
아금독자왕我今獨子往 처처득봉거處處得逢渠
거금정시아渠今正是我 아금불시거我今不是渠
응수임마회應須恁麼會 방득개여여方得契如如라.

"밖에서 찾지 마라. 갈수록 나한테서 멀어 지리니. 나 이제 홀로 가매 곳곳에서 그를 만나리라. 그가 바로 지금 나이지만, 나는 지금 그가 아니로다. 이렇게 깨달아야 바야흐로 부처를 만나리라."고 했다.

물속에 비친 그림자[渠]는 천지합일을 이루어 우주와 일체가 되지 못한 육신의 상相일 뿐이다. 그림자와 마찬가지로 '나'의 육신 또한 존재存在의 밑바탕인 '나'의 본체本體, 즉 진아眞我의 환영幻影에 불과하다. 따라서 "나는 지금 그가 아니다."라고 한 것은 그림자를 보고 깨달은 체험적體驗的 견성見性을 밝힌 것이다.

육조 스님 단경壇經에서 이르기를,

범우불료자성凡愚不了自性 불식신중정토不識身中淨土
원동원서願東願西 오인제처일반悟人在處一般
소이불언所以佛言 수소주처隨所住處 항안락恒安樂이라.

"범부는 자기의 성품을 모르기 때문에 자기 몸속에 있는 정토를 모르고 동쪽이니 서쪽이니 헤매며 찾고 있지만, 깨달은 사람은 어디에 있으나 그곳이 그곳이나 마찬가지다. 그러므로 부처님께서 말씀하시기를, 머무는 곳을 따라 항상 안락하다." 하셨다.

생각과 언어가 끊어진 화두 이뭣고만이 뚫을 수 있는 은산철벽銀山鐵壁 넘어 있는 정토淨土는 우주와 내가 틈이 없는 동서東西가 사라진 바로 그 자리이다. 얼굴을 남쪽으로 해도 북두칠성을 볼 수 있는 걸림이 없는 처무애處無碍라, 지금 바로 이 자리가 부처님 계시는 영산회상靈山會上이다. 자타의 간격間隔이 없는 공간이니 폭포수를 따라 밖으로 가지 않고, 거슬러 올라가 정점頂點에 이르면 그대로 부처와 하나가 되는 시是이다.

대혜종고 스님 서장書狀에서 이르기를,

생처방교숙生處放敎熟 숙처방교생熟處放敎生이라.

"선 것은 익게 하고 익은 것은 설게 하라." 세세생생 익혀서 익숙한 속된 습관[탐진치]을 설게 하고, 반야지혜를 살려 부처를 이루는 수행은 익게 하라는 말이다.

참마음

유식唯識에서는 일체가 심식心識에 의지해서 존재하고 작용한다고 본다. 마음이 신구의身口意 삼업三業을 만들어 내고, 우주법계 모든 세상을 만들어 낸다는 것이다. 초기불교의 계·정·혜 삼학三學도 삼독심을 일으키는 이 마음을 다스리기 위한 수행체계이다. 번뇌와 집착을 끊고 육도六道 윤회輪廻를 벗어나 해탈解脫 열반涅槃의 세계로 나아가게 하는 동력이 삼학 수행인 것이다.

해탈 열반의 경계를 선禪에서는 참마음 또는 본래면목本來面目으로 일컫는다.

마음자리는 깨치면 텅 빈 충만이며 여여如如한 부처요, 깨치지 못하면 두두물물 산하대지가 천차만별로 벌어지는 중생계이다. 그러므로 중생이든 부처든 근본은 마음 하나에 달려 있다.

법계의 성품을 관觀하라는 말은 바로 나의 근본인 시是를 직관直觀하라는 말이며, 이뭣고 수행을 통해 나의 참 성품을 깨치라는 말이다. 법계의 성품이 바로 나의 성품이고, 법계의 근본이 곧 나의 근본根本이다.

마음이란 무엇인가?

여기에 한 물건이 있다. 그것은 이름도 없고 모양도 없다. 무한한 과거에도 있었고 미래에도 있다. 천겁千劫을 지나도 옛 것이 아니고, 만세萬歲를 지나더라도 항상 지금 그대로이다. 이 지구가 수명이 다하여 괴겁壞劫의 불길이 일어나서 저 바다를 태우고 히말라야산과 태산이 서로 부딪혀 가루가 되더라도 이 한 물건은 여여부동하다.

이것을 '상[常=영원하고]·락[樂=행복하고]·아[我=자유롭고]·정[淨=번뇌가 없는]'이라 하며, '참되고 항상 적멸의 즐거움'인 열반적정涅槃寂靜이라 하니, 굳이 이름을 붙이자면 '참마음'이라 한다. 이 마음을 깨치면 그대로 부처인 것이다.

대학大學에 이르기를,

심부재언心不在焉 시이불견視而不見 청이불문聽而不聞이라.
"마음이 있지 않으면 봐도 보이지 않고, 들어도 들리지 않는다."

참마음은 사람의 본원이고 생명의 원천이다. 일체 만법이 다 이 마음에 있다. 한 법도 만들어지기 이전의 본래 마음은 모양도 없고 방위와 처소도 없지만, 인연 따라 온갖 작용을 베푼다. 상相 놀음에 젖어 있는 중생들은 이 말을 알아듣기가 어렵다. 하지만 여기서 바로 계합契合이 되어야지, 생각으로 헤아리면 즉시 어긋난다.

진여자성眞如自性의 마음자리를 가리켜 무심無心 또는 진심眞心이라 한다. 마음이 없다는 것이 아니라, 범부의 집착하는 마음[妄心]이 없다는 것이다. 무심은 생멸심生滅心과 취사심取捨心, 애증愛憎과 분별시비分別是非가 없는 순수하고 진실된 깨달음인 보리자성菩提自性의 마음자리이다.

영가현각 스님 증도가에서 이르기를,

심시근법시진心是根法是塵 양종유여경상흔兩種猶如鏡上痕이라.
"마음은 뿌리요 법은 티끌이니 마치 거울에 묻어 있는 때의 흔적과 같다." 이 때를 제거하여야 비로소 생사가 없는 경지에 이르게 된다는 것이다.

야부도천 스님 또한 "당당한 대도大道는 대단히 밝고 분명하여 사람마다 본래 구족해 있고 원만히 이루어져 있지만, 다만 한 생각으로 인하여 만萬 가지 모양을 나타낸다."고 하였다.

이렇듯 세간世間은 환화幻化이며 일체一體는 무상無常한 객진이다. 오직 태허공太虛空의 체體만 있으니 그 자리에는 형색과 소리를 두지 못하며 털끝만큼의 먼지도 세우지 못한다. 혜안慧眼으로 보면 유무有無를 떠난 반야의 자리이다.

따라서 부처님과 조사를 초월하고자 한다면 모름지기 생각생각이 다 공적해야 한다. 식심識心으로 구분하는 것은 모두 전도몽상顚倒夢想이다. 마음을 떠난 일체의 상은 무자성無自性의 연생법緣生法이어서 생멸이 있고, 무상한 것이다. 마음이란 순수생명인데 순수생명 이외에 다른 것은 전부가 헛된 것이란 뜻이다. 금강경에서 설한 내용이 다 이 도리道理이다.

연하휴해갈沿河休害渴 파병막언기把餠莫言饑라.
"큰 강을 따라 내려가면서 목마르다 말하지 말고, 떡을 가지고 있으면서 배고프다 말하지 말라."

그렇다면 어떻게 해야 하겠는가?
그것은 모르고 모르는 당처를 이뭣고로 지어가는 것이다. 그러면 무념처에 당도하게 된다. 무념無念이란 일체처一切處에 물들지 아니하고 내 마음속의 망념妄念이 다 떨어져 청정무구淸靜無垢한 상태를 말한다. 이것이 곧 자성청정自性淸淨이요, 중도中道이고 열반涅槃이며 해탈解脫인 것이다. 이때의 무념이란 사념邪念이 없다는 것이지 진념眞念이 없다는 것이 아니며, 유무와 선악을 떠난 절대 공空의 자리이다. 이뭣고를 그 자리에서 쓰는 것도 이 때문이다.

서천 제26조 불여밀다佛如蜜多는 전법게에서 이르기를, "참성품은 마음 땅[心地]에 감추어져 있으니 머리도 없고 꼬리도 없다. 인연에 의해 사물을 드러내니 방편方便으로 일러 지혜라 부른다."고 했다.

화두 이뭣고를 참구하는 목적은 부처의 본성자리를 바로 짚어서 깨닫고자 하는 것이다. 전후좌우제단前後左右除斷이라. 시공을 초월하여 일체의 언어와 마음의 길을 막아버리고, 바로 눈앞에 진리를 갖다 대 주고 반야를 활용케 해 주는 여의보주如意寶珠가 이뭣고인 것이다.

즐거울 때나 괴로울 때나 마음의 대상에 끌려가거나 따라가지 말고 그 자리에서 바로 이뭣고로 들어간다면, 그는 생활 속에서 반야지혜를 굴려 씀으로써 만사형통할 것이다.

죄罪와 죄성공罪性空

천지天地는 오직 하나의 부처뿐인데 그것을 둘로 보고 셋으로 보기 때문에 내가 있고 네가 있다는 생각에 사로잡힌다. 일상생활 속에서 주객主客을 나누니 거기에서 시시비비가 일어나고 애증愛憎과 선악善惡이 생긴다. 이것이 죄의 근원根源이 되는 것이다.

그런데 '이 우주는 하나의 부처일 뿐이고 내 자성自性 또한 부처이구나.' 하고 믿으면 곧 무아無我이기 때문에 시시비비가 일어날 일이 없다. 오로지 온 우주를 참나眞我로 믿고 참선 등으로 우리의 업장을 녹여서 청정한 부처가 되는 일만 남는 것이다. 이것이 정해탈定解脫이며 수행修行의 끝이다. 여기에 무슨 원수가 있겠는가?

원각경圓覺經에 이르시길,

관피원가여기부모觀彼怨家如己父母라.

"원수를 보되 부모같이 섬겨라."

자기와 의견이 맞지 않아 불편한 관계에 있다거나 여러 가지로 나쁜 사람을 용서하거나, 더 깊이 들어가 원수를 사랑하라는 말은 쉽게 할 수 있다. 하지만 원수를 부모 같이 섬기라 함은 실제 행하기에는 너무나 힘든 일임에 틀림없다. 부처님의 근본사상은 이렇듯 사량하기조차 힘들다.

죄罪의 본성本性이 공空하다고 하면 보통 자성청정自性淸淨을 말하면서도, 죄罪라 하면 다른 것으로 생각한다. 자성청정이나 죄청정이나 같은 의미이다. 중생이 중도中道를 알지 못하여 상견常見이나 단견斷見에 치우쳐서 볼 때는 마군魔軍은 나쁘고 부처는 좋고 하는 선악善惡으로 구분하지만, 죄성罪性은 본래 청정하여 공空한 것이다.

죄성罪性이 공空하기 때문에 삼계三界가 유심唯心이다. 이것은 자성청정심을 말하는 데, 일체 만법이 다 공空하여 쌍차雙遮 쌍조雙照하니 진공묘유眞空妙有라 한다. 이것을 마음이라 하고 중도中道라고 한다. 불법佛法은 밖으로 보고 듣는 것이 아니며 일체 언설言說을 떠난 무상성無相性을 성품으로 한다.

불사선不思善 불사악不思惡이라. 양변兩邊을 버린 것을 중도라 하는 데, 이는 삼라만상森羅萬象이 모두 쌍차雙遮 쌍조雙照해서 차조遮照가 동시同時라는 말이다.

범부凡夫는 우치愚癡해서 개별적인 아我가 있으니 생멸生滅이 있다.

죄罪는 연緣이 있어서 생긴 것이지 실체가 있는 것이 아니다. 생겼다 해도 개별적인 아我가 없다는 것을 알고 있다면 누가 죄를 짓고, 누가 업보를 받는가? 본래 아무것도 없는 것을 제멋대로 이것저것 분별分別해서 있다고 생각하니 이것이 죄업罪業이 되는 것이다.

인간의 생각은 항상 선악善惡·유무有無·주객主客·염정染淨 등 둘로 나누어 보는 속성을 가지고 있다. 그러나 지혜로 보면, 고요함과 법성원융의 무이상無二相이다. 인간에게 중요한 것은 지식知識과 재능才能이 아니라 자기 감정을 스스로 다스리는 지혜인 이뭣고이다.

신심명信心銘과 죄성공罪性空

신심명에 이르기를,

지도무난至道無難 유혐간택唯嫌揀擇
단막증애但莫憎愛 통연명백洞然明白이라.
"도道에 이르는 길은 어렵지 않으니, 오직 간택[분별]하는 마음을 내지 마라. 미워하고 사랑하는 분별심分別心만 내지 않으면 모든 것이 막힘 없이 뚫려 훤하게 되리라."

나의 간택함과 전혀 상관없이 인생이 진행進行됨을 알게 된다면, 간택을 뒤로 하고 모두가 지극한 도에 들게 될 것이다. 이것이 진리眞理의 전부이다. 간택이란 좋은 것은 받아들이고 싫은 것은 피하려는 것이다. 그런데 이 좋고 싫은 마음은 한 생각일 뿐이어서, 생각이 없어지면 자연히 따라서 없어지는 것이다. 그러니 에너지로 가득찬 각양각색의 일들이 파도처럼 밀려왔다가 한바탕 춤을 추고 밀려갈 뿐이다. 그러니 좋고 싫고, 옳고 그름이 모두 허깨비 망상妄想이고 업장의 그림자일 뿐이다. 즉 생각이 주객전도主客顚倒 되어 주인 노릇하는 것을 멈추라는 것이다. 이것이 큰 깨달음이다.

　　한 생각 망상과 분별시비分別是非의 주인공인 아我는 제7말나식의 거짓 아我로서 실체가 없는 허상이며, 제8아뢰야식인 장식에 저장된 전생에 지은 업장業障을 그대로 재현再現하는 아바타이다.

　　지도至道는 무난無難이다. 지극한 도道는 무상대도無上大道이다. 이미 구족되어 있으며 누구에게도 차별 없는 평등한 불성을 갖추고 있다. 때문에 갈고 닦아서 얻으려 하는 것은 기왓장을 갈아서 거울을 만들려는 것과 같다. 생각과 망상, 시비분별의 주인공인 가아假我라는 실체가 없는 에고의 소멸이 지도至道이며, 에고가 사라진 자리의 본래면목을 구족한 무분별지無分別智가 유혐간택이다.

　　간택揀擇이란 취取하고 버리는 것을 말하는 데, 변견邊見에 떨어져 중도中道의 바른 견해를 모른다는 말이다. 즉 세간법

을 버리고 불법을 취해도 불교가 아니며, 마구니를 버리고
불법을 취해도 불교가 아니며, 무엇이든 취하거나 버리면 무
상대도無上大道에 계합되지 못한다는 뜻이다. 그러니 무상대
도를 바로 깨치려면 간택하는 마음부터 먼저 버리라는 것이
다. 그 대표적인 것이 미워하고 사랑하는 마음, 즉 증애심憎愛
心이다. 이 증애심만 완전히 버리면 무상대도를 성취할 수 있
다. 그 생각의 근본을 찰나에 알아차리고 생활 속에서 이뭣고
로 행주좌와 어묵동정에 그 뿌리를 뽑아 버리는 수행이 참선
수행이다.

신심명信心銘을 남긴 선종 제3조 승찬(僧璨, ?-606) 스님은
젊은 시절 풍질[風疾, 문둥병]을 앓고 있었다. 스님은 이 몹쓸병
을 천형天刑으로 여기고 그 죄罪를 참회하기 위하여 제2조 혜
가慧可 스님을 찾아 여쭈었다.

"제자의 몸이 문둥병에 걸렸습니다. 청컨대 저의 죄罪를 참
회시켜 주십시오."
"죄罪를 찾아온다면 자네의 죄를 참회시켜 주겠네."
"죄를 찾아도 찾을 수가 없습니다."
그러자 혜가 스님이 말했다.
"내가 그대의 죄를 참회시켜 마쳤다. 마땅히 불법승 삼보三
寶에 귀의하여 살아야 하느니라."
"지금 스님을 뵙고 이미 승보僧寶는 알았습니다만, 무엇이

불보佛寶이며 무엇을 법보法寶라 합니까?"

"이 마음이 곧 불보佛寶이고, 이 마음이 곧 법보法寶이다. 불과 법이 둘이 아니며, 승보 또한 그러하느니라."

"오늘에야 비로소 죄罪의 성품이 안에도 밖에도 있지 않으며, 중간에도 있지 않음을 알았습니다."

이에 혜가 스님께서 깊이 법기法器라 여겨 곧 머리를 깎게 하고, "그대는 나의 보배이니, 이름을 승찬[僧璨, 승가의 구슬]이라 하리라." 하였다.

그 뒤 스님을 인가하여, "내 이제 그대에게 정법안장正法眼藏과 달마대사께서 믿음의 표시로 주신 가사를 주노라." 하시며, 전법게를 내렸다.

본래연유지本來緣有地 인지종화생因地種華生
본래무유종本來無有種 화역부증생華亦不曾生이리.

"본래 땅이 있음을 인연因緣하여 땅으로부터 씨앗이 꽃을 피우나, 본래 씨앗이 있지 않았다면 꽃도 또한 일찍이 피지 않았으리."

땅은 생生이 없지만, 콩을 심으면 땅을 의지하여 콩이 나온다. 이 생生은 육안으로 보면 형상形象이 있지만 연기성緣起性이기 때문에 무생無生이다. 이 무생無生이 증도가에서 말하는 화중생련火中生蓮이다. 불 가운데 연꽃이란 자성청정심自性淸淨心이며, 공성空性이다.

불교에서는 왜 생멸이 없다고 말하는가? 연緣으로 생긴 것은 생긴 것이 아니다. 또한 연緣으로 멸한 것은 스스로 멸할 수 없다. 연緣으로 멸滅하기 때문이다. 연緣으로 생긴 것은 인因에 의해서 생긴 것이지 스스로 생긴 것이 아니다. 우리가 보고 있는 생멸이란 환幻이 생긴 것이고 멸한 것이니 멸滅한 것이 아니다.

이와 마찬가지로 죄罪 또한 연緣이 있어서 생긴 것이지 실체가 있는 것이 아니다.

생사生死는 꿈속의 그림자이다

중생衆生의 생사 문제는 미망迷妄에서 비롯된 일일 뿐이다. 따라서 생사生死의 주체인 5온五蘊이 연기緣起 성공性空임을 증득證得하게 되면, 생사의 유위법有爲法에 머물러 있다 해도 그 동정動靜에 집착執着하지 않고 벗어날 수 있다.

금강경에서 이르시길,

일체유위법一切有爲法 여몽환포영如夢幻泡影
여로역여전如露亦如電 응작여시관應作如是觀이라.

"일체 존재하는 모든 것은 꿈과 같고 환상과 물거품 같고 그림자와 이슬 같고 또한 번개불 같으니, 응당 이렇게 관觀할지어다."

유위법은 집착이며 꿈속의 일이다. 꿈속에서 다생겁래로 육도윤회를 거듭하고 있지만, 꿈을 깬 진여실상眞如實相에는 낳고 죽음이 없다.

조당집祖堂集에 전한다.

도오道吾 스님이 운암雲巖 스님이 병환으로 누워있으니, 문병차 와서 물었다.

"이 육체를 버리고 어디서 또 만나야 할까요?"

"나고 멸함이 없는 곳에서 만나지요."

이에 도오 스님이 말했다.

"불생불멸不生不滅하는 곳에서도 만나려고 하지 말아야지라고 말해야 합니다."

"나고 멸함이 없는 곳"이라는 운암 스님의 답은 불성佛性은 불생불멸이라는 경전의 말씀을 잘못 이해理解하고 있음을 나타낸다. 이처럼 불생불멸하는 곳이 있다고 믿고 구求하는 것이 중생의 생멸심이다.

장사(長沙景岑, ?~868) 스님이, "무량겁 이래로 생사윤회의 근본이 되는 중생심衆生心=識心을 어리석은 사람은 법신法身으로 착각錯覺하고 있다."(전등록)고 말한 것도 이러한 중생심의 무지를 말한 것이다.

생로병사는 무명無明의 꿈[夢]속 일로 진여실상眞如實相에는 없는 것이다. 생사는 또한 거짓 나인 가아假我[제7말나식]와 전생의 업業 창고인 제8아뢰야식이 영식靈識·영가靈駕가 되어, 전생에 지은 업장業障이 소멸될 때까지 세세생생 육도의 굴래를 벗어나지 못하고 중생의 삶을 사는 모습이다.

육조혜능六祖慧能과 영가현각永嘉玄覺 스님의 만남

영가(永嘉玄覺, 665-713) 스님이 육조혜능 스님을 처음 찾았을 때의 일이다. 법석에 들어선 영가 스님이 절도 하지 않은 채 선상을 세 번 돌고 나서 육환장을 짚고 서 있으니, 혜능 스님이 물었다.

"대저 사문沙門은 삼천위의三千威儀와 팔만세행八萬細行을 갖추어서 행동에 어긋남이 없어야 하거늘, 대덕大德은 어디서 왔기에 도도하게 아만을 부리는가?"

혜능 스님이 짐짓 질책을 하자 영가 스님이 답했다.

"나고 죽는 일이 크며 무상無常은 신속합니다."

"어찌하여 생生이 없음을 체득하여 빠름이 없음을 요달하지 못하는가?"

"체득한 즉 생生이 없고, 요달한 즉 빠름이 없습니다."

달리 말해, "본체는 곧 남이 없고 본래 빠름이 없음을 요달하였다."는 대답이었다. 이에 혜능 스님께서, "네 말과 내 말이 같다."고 인가하니, 그때서야 육환장을 걸어 놓고 예의를 갖추어 정중히 예배하고, 하직인사를 드렸다. 그러자 혜능 스님이 물었다.

"왜 그리 빨리 돌아가려고 하느냐?"

"본래 스스로 움직이지 않거니 어찌 빠름이 있겠습니까?"

"누가 움직이지 않는 줄 아느냐?"

"스님께서 스스로 분별分別을 내십니다."

"네가 참으로 남이 없는 도리道理를 알았구나!"

"남이 없음이 어찌 뜻이 있겠습니까?"

"뜻이 없다면 누가 분별하느냐?"

"분별하여도 뜻이 아닙니다."

분별하여도 심心·의議·식識의 사량으로 분별하는 것이 아니라 진여대용眞如大用이라는 뜻이다. 그러자 혜능 스님이 선상에서 내려와 영가 스님의 등을 어루만지며 칭찬하였다.

"장하다, 손에 방패와 창을 들었구나. 하룻밤만 쉬어 가거라."

그리하여 영가 스님이 하룻밤 자고 떠나니, 스님을 가리켜 일숙각一宿覺이라 불렀다.

이때의 일을 염두했음인지 영가 스님은 증도가에서 다음과 같이 읊었다.

자증인득조계로自證認得曹溪路
요지생사불상관了知生死不相關이라.

"조계[육조 스님]의 선법禪法을 알고부터는 생사生死가 본래 없음을 분명히 알았도다."

이와 같이 영원토록 자유자재한 무애無碍 경계를 증득證得하여 생사生死를 해탈한 것은 스승 육조 스님에게 도道를 물어 확철히 깨친 과果인 것이다.

고려말 나옹화상의 누이가 지은 '부운浮雲'이라는 시에서 유래했다고 전하는 다음의 시를 보자.

공수래공수거空手來空手去 시인생是人生
생종하처래生從何處來 사향하처거死向下處去
생야일편부운기生也一片浮雲起
사야일편부운멸死也一片浮雲滅
부운자체본무실浮雲自體本無實
생사거래역여연生死去來亦如然
독유일물상독로獨有一物常獨露
담연불수어생사湛然不隨於生死

"빈손으로 왔다가 빈손으로 가는 것이 인생이다. 태어남은 어디에서 왔으며 죽은 후에는 어디로 가는가? 태어남은 한 조각 뜬구름이 일어나는 것이요, 죽음이란 그 뜬 구름이 사라지는 것인데, 뜬구름 자체는 실체가 없는 무상한 것이요, 오고 가는 생사 역시 이와 같은 것이다. 그중 한 물건이 있어 항상 홀로 드러나, 맑고 고요하여 생사를 따르지 않도다."

환회득담연저還會得湛然這 일물마一物麼
맑고 고요한 이 한 물건이 무엇인고?
이뭣고이다.

대사각활大死却活 하라

대저 참선 공부를 하는 사람은 반드시 죽음 속에서 삶을 얻어야 비로소 자재무애自在無碍를 얻을 수 있다. 곧 '나' 아닌 거짓 나를 죽이고, 죽었던 '나' 부처가 살아나는 것, 제7말나식인 가아假我를 죽이고 참나를 살려쓰는 것이 대사각활大死却活이다.

불과원오(佛果圜悟, 1063-1135) 스님 이르기를,

살진사인殺盡死人 방견활인方見活人
활진사인活盡死人 방견사인方見死人이라.
"죽은 사람을 죽여 다하여야 바야흐로 산 사람을 볼 것이요, 죽은 사람을 살려 다하여야 바야흐로 죽은 사람을 볼 것이다."

이와 같이 완전히 죽어 한 번 뒤집힌 다음에야 돌사람이 옥피리를 불고, 옥녀가 술에 취해 노래를 부르고 춤을 추리라. 만약 여기에서 분명히 알아차리면 삼세제불과 역대조사와 문수·보현과 천만 성인의 자재로운 수용처受用處를 낱낱이 명

백하게 알게 될 것이다.

"위음왕불威音王佛 저쪽 세계를 꿰뚫어 바라보니 영원히 변치 않는 별천지의 초가 삼칸 마을이 있네."

우주宇宙에 충만해서 가고 옴이 없는 맑고 고요한 이 한 물건이 무엇인가?

이뭣고이다.

깨달은 자의 사후死後

제법실상諸法實相의 도리道理에서 보면 생사가 곧 열반涅槃이요, 번뇌煩惱가 즉 보리菩提이다. 선악善惡이 다르지 않고 시비분별是非分別이 모두 끊어졌으니 중생과 부처도 불이不二이다. 불성은 용用에 따라 부처와 범부로 그 쓰임이 다르기에 이름이 달라질 뿐이다.

이렇게 실상實相이란 곧 부처님의 진실한 상相이다. 그러므로 실상을 보는 자는 곧 부처님과 함께 하는 자이며, 시방세계가 불국토요 우리가 살고 있는 사바세계가 그대로 극락이다. 사바娑婆 즉卽 적광寂光이니 부모미생전父母未生前이 부처님의 품속인 것이다.

보조(普照知訥, 1158-1210) 스님이 진심직설眞心直說에서 답했다.

"일찍이 들으니 견성見性한 사람은 생사를 초월한다 했습니다. 옛날의 모든 조사들은 다 견성한 사람이지만 생사가 있었고, 현재에도 세상의 수도修道하는 자라도 생사가 있는데, 어떻게 생사를 벗어난다 할 수 있습니까?"

"생사生死란 본래 없는 것이나 분별력으로 있게 된 것이다. 허공꽃을 볼 때 눈병이 없는 사람이 허공에 꽃이 없다고 말해도 믿지 않다가, 눈병이 다 나아서 허공이 저절로 없어져야 비로소 꽃이 없다는 것을 믿게 된다. 그것은 단지 병자가 망령되이 집착하여 꽃이라 여긴 것일 뿐 그 본체가 있는 것은 아니다. 원각圓覺의 진심眞心을 깨달으면 본래 생사가 없는데, 이제 생사가 없음을 알고서도 생사를 벗어나지 못하는 것은 공부가 도달하지 못한 까닭이다. 또한 깨친 자는 자유자재하여 중생처럼 업식業識에 매매하지 아니한다."

규봉(圭峰宗密, 780-841) 스님 또한 상서尙書 온조溫操가, "이치를 깨달은 사람은 수명이 다하면 어디에 의탁합니까?" 하고 물으니, 다음과 같이 답했다.

"일체중생이 모두 신령스럽게 밝은 각성覺性을 갖추고 있어 부처와 다름이 없으므로 그 바탕이 곧 법신임을 깨달으면 본래 스스로 생이 없는데 무슨 의탁할 때가 있겠는가. 신령스럽게 밝고 어둡지 않아 항상 분명히 알며, 어디서 오지도 않았고 어디로 가지도 않는다. 다만 공적空寂으로 자체自體를 삼고 육신肉身을 인정하지 말며, 영지(靈知: 신령스런 앎)로서 자기 마음을 삼고 망념妄念을 인정하지 말라. 망념이 일어나도 전혀 따르지 않으면 목숨을 마칠 때도 저절로 그 업이 얽어맬 수 없고, 중음中陰에 있더라도 가는 곳이 자유로워 천상天上이나 인간에 마음대로 의탁한다. 이것이 곧 진심眞心이 죽은 후에 가는 곳이다."

육조 스님이 성현聖賢과 중생의 생멸生滅을 말하다

육조혜능 스님이 금강경의 요지를 설파한 것으로 전해지는 육조구결六祖口訣의 말씀이다.

법성法性은 원적圓寂하여 본래 생멸이 없건만 생념生念이 있으므로 인하여 마침내 생연生緣이 있게 된다. 그러므로 하늘에서 명命을 얻어 태어나므로 이를 명命이라 한다. 이미 천명天命이 세워지면 진공眞空이 있지 않고 전일前日의 생념生念이 굴러 의식意識이 된다. 의식의 작용이 흩어지면 육근六根이 되고, 육근이 각각 분별하는 가운데 총 지휘자가 있으니 이것을 마음이라 한다. 마음은 생각하는 곳에 있고 신식神識의 집이 되고 진眞과 망妄이 함께 거처하는 곳이며, 범부와 성인의 기기機가 한 데 모이는 땅이다.

일체중생이 무시 이래로부터 생멸을 여의지 못하는 것은 모두 이 마음[識心]에 얽혀 있기 때문이다. 그러므로 모든 부처님들이 오직 사람들의 마음을 깨닫게 하신 것이니, 이 마음을 알면 곧 자성自性을 보고 자성을 보면 깨달음을 얻기 때문이다.

이것이 성性에 있을 때는 스스로 공적담연空寂湛然하여 없는 것 같다가 연緣이 있으면 생각을 내어 존재하게 된다. 생生이 있으면 모양이 있다. 모양은 지地·수水·화火·풍風이 거품처럼 모인 것이다. 혈기血氣로써 몸을 삼고 나는 자는 모두 그것을 의지한다. 혈기가 충분하면 정기精氣가 넉넉하여 지고, 정기가 넉넉하면 정신精神이 나며, 정신이 넉넉해 묘한 작용이 일어난다. 묘한 작용이란 곧 내가 원적圓寂할 때의 진아眞我이다.

모양을 따라 사물을 만나므로 저 작용이 있음을 볼 뿐이다. 다만 범부는 어리석어 사물을 쫓고 성현은 밝아 사물을 응용한다. 사물을 따르는 것은 자신의 객관[상대]이요, 사물에 응하는 것은 자신의 주관[나]이니, 자신을 상대에게 빼앗긴 사람은 소견에 집착하는 까닭에 윤회의 업보를 받고, 자신의 주관이 확실하면 그 바탕이 항상 공하여 만겁萬劫이 지나도 한결같으니 그것을 통합하여 보건대 모두 다 마음의 묘한 작용이다.

그러므로 애초에 태어나지 않았을 때에 이른바 성性은 원만 구족하고 비어 물物이 없고 저절로 맑아 그 넓고 크기가 허공과 같아 가고 오고 변화하기를 마음대로 하니, 하늘이 비록 나에게 명하여 태어나게 하고자 하나 어찌 가히 그것이 되겠는가?

하늘도 오히려 나에게 명하여 태어나게 할 수 없거늘 하물며 사대오행四大五行이겠는가. 이미 생각을 내면 연緣이 난다. 그러므로 하늘에서 얻은 생으로써 나를 명하고 사대에서 얻은 기로써 나를 형성하며, 오행에서 얻은 수數로써 나를 잡으니 이것은 생이 있는 자에겐 멸滅이 있는 이치를 가르친 것이다.

그러나 생멸은 하나이다. 다만 범부와 성인의 생멸이 다를 뿐이다. 범부는 생연生緣이 생각에 있고 식識이 업을 따라 변하고 습기훈염習氣熏染이 생生을 인하여 더욱 심하여 진다. 그러므로 생을 받은 이후에 마음이 모든 망妄에 집착하여 망령스럽게 사대로서 내 몸을 삼고, 육친六親으로서 내가 있다고하고, 성색聲色으로서 쾌락을 삼고, 진노塵勞로서 부귀를 삼아 마음의 소견이 거짓되지 않는 것이 없다.

마음과 눈으로 알고 보는 것이 거짓 아닌 것이 없으니 모든 망이 일어나면 번뇌가 만 가지로 차별하고, 망념妄念이 진眞을 빼앗아 진성眞性이 숨고, 인아人我가 주인이 되고 진식眞識이 객客이 되어, 삼업三業이 앞에서 이끌고 백업百業이 뒤를 따라 생사生死에 유랑하여 끝이 없다. 생이 다하면 멸하고, 멸滅이 다하면 생이 다시 와서 생멸이 서로 찾으며 모든 취趣에 떨어진다. 전전轉轉히 알지 못하고 무명無明만 더욱 길러 모든 괴로운 업보業報를 짓는다.

그러나 성현聖賢은 그렇지 않다. 성현의 생生은 생각에 있지 않고 자취를 따라 난다. 나고자 하면 나서 다른 명命을 기다리지 않는다. 그러므로 이미 생을 받은 뒤에 원적한 성품이 옛처럼 잠연하고 체상體相이 없으며, 걸림 없이 만법萬法을 비추는 것이 마치 푸른 하늘의 밝은 해와 같이 털끝만큼도 숨기거나 걸린 것이 없다.

따라서 능히 일체 선법을 건립하여 두루 사계沙界[온갖 세상]에 미쳐도 그 작은 것을 보지 않고, 일체중생을 거두어들이고 적멸에 돌아가도 장한 것을 삼지 않는다. 몰아쳐도 오지 않고 쫓아도 가지 않으며 비록 사대에 의탁하여 형상을 짓고 오행五行의 기른 바 되어도 다 내가 빌려온 것이어서 일찍이 망상으로 인정한 적이 없으니, 자아의 인연이 진실로 다하면 자아의 자취는 마땅히 멸한다.

버리고 떠나는 것이 마치 오고 가는 것과 같을 따름이니 자아에게 그것이 무슨 관계가 있겠는가? 그러므로 범부는 생이 있으면 멸이 있고 멸하는 것은 나지 아니할 수 없지만 성현은 생도 있고 멸도 있지만 멸하면 진공에 돌아간다. 따라서 범부의 생멸은 몸 가운데 그림자 같아서 들고나는 것을 서로 따라다녀서 다함이 없고, 성현의 생멸은 공중의 우레雷처럼 스스로 일으켰다 스스로 그쳐 물物에 얽히지 않는다. 세상 사람들은 생멸生滅이 이와 같은 줄 모르기 때문에 생멸로써 번뇌의 큰 근심거리[大患]를 삼으니 대개 스스로 깨닫지 못했기 때문이다.

깨달으면 생멸을 보는 것이 몸 위의 티끌 같이 보니, 한 번

털어버리면 떨어질 것인데 어떻게 나의 성품我性에 걸리겠는가. 옛적에 우리 부처님께서 대자비심大慈悲心으로 일체중생이 어리석음으로 착각하고 전도되어 생사에 유랑하는 것이 이와 같은 것을 불쌍히 보시고, 또 일체중생이 본래부터 쾌락하고 자재한 성품性品을 가져 닦으면 모두 부처가 될 수 있는 것을 아시고, 일체중생으로 하여금 모두 성현의 생멸을 얻게 하고 범부의 생멸이 되지 않게 하셨다. 일체 중생이 무시이래로 오랫동안 유랑하여 종성種性이 너무 차이가 나서 능히 일성一性으로써 속히 깨닫지 못할 것을 생각하였으므로 8만4천 법문을 설하시어 문과 문을 통하여 들어오게 하시되, 모두 진여眞如의 땅에 이르게 하시니 늘 한 가지 법문을 설하여 진실한 말씀 아닌 것이 없었다.

일체 중생으로 하여금 각기 본 대로의 법문을 따라서 제 마음 땅에 들어가 제 마음의 땅에 이르러 불성佛性을 보고 자신불自身佛을 증證하여 여래와 꼭 같게 하였다. 그러므로 여래께서 모든 경전에 유有를 설하신 것은 일체 중생으로 하여금 상을 보고 선善을 내게 한 것이고, 무無를 설하신 것은 일체 중생에게 상相을 여의고 성性을 보게 한 것이니, 말씀하신 색色과 공空도 또한 다시 그러하다.

그러나 중생들은 집착하여 유有를 보되 진유眞有가 아니고, 무無를 보되 진무가 아니니, 색을 보고 공을 보는 것도 모두 그렇게 집착하여 단상이견斷常二見을 일으켜 생사의 뿌리와 꼭지[根蔕]가 된다. 불이법문不二法門을 보이지 않으면 또 장차

미착전도迷錯顚倒하여 생사에 유랑하게 되는 것이 전보다 더욱 심하게 될 것이므로, 여래께서 또다시 대반야경大般若經을 설하여 단상이견을 부숴 일체중생으로 하여금 진유眞有·진무眞無와 진색眞色·진공眞空이 본래 둘이 아니며, 또한 사람과 멀지 않아 담연湛然 적정寂靜하여 자기 본성 가운데[性中]에 있음을 알게 하셨다.

다만 자기 성품 지혜로써 모든 망妄을 비추어 부수면 곧 밝게 스스로 보게 될 것이다. 그러므로 대반야경 육백 권이 모두 여래께서 보살의 과위菩薩果人를 위하여 불성佛性을 설하신 것이다. (이하 하략)

진산주進山主가 수산주修山主에게 물었다

장경종보독(長慶宗寶獨) 선사 어록에 전하기를,

"생生이 곧 생이 아닌 법法을 분명히 알았다면 무엇 때문에 생사의 흐름을 받습니까?"

이에 수산주가 답했다.

"죽순은 반드시 대나무가 되지만 지금 당장 뗏목으로 사용할 수 있겠는가?"

그래서 수행의 열매[果]가 푹 익게 하여 본래 생사가 없음을 체득하고 활용해야 한다.

지무생사知無生死 체무생사體無生死

용무생사用無生死일런가.

그러나 생사가 없음을 알지도 못하는 요즘 사람들이, 어떻게 생사 없음을 체득하겠으며, 어떻게 생사 없음을 활용하겠는가?

약인구병출금병藥因求病出今瓶

불인신심현신통佛因信心現神通이라.

"약은 병을 고치기 위하여 약병에서 나오는 것이며, 부처님은 신심이 있는 자에게 신통神通을 보이신다."

명약名藥은 목숨을 구하기 위하여 병에서 나오는 것인데, 약은 먹지 않고 처방전에만 매달리고 있는 것이 중생이다.

육조단경에서 이르시길,

일지능멸만년우一智能滅萬年愚라.

하나의 밝은 지혜가 능히 만년의 어리석음을 멸해 버리는 묘법妙法이 있으니, 지금 바로 이뭣고를 쓰고 쓸 따름이다.

삼세 일체 부처와 만물만생을 들이고 내는 것이 대기大機의 작용인 이뭣고이다. 그런데 이 여의보주를 살려 써 보지도 못하고 밖으로만 찾아 헤매고 있다.

법구경法句經에서 이르시길,

악생어심惡生於心 환자괴형還自壞形

여철생구如鐵生垢 반식기신反食其身이라.

"저절로 집착과 악심이 생겨 그 청정한 본성本性을 흐리게 하고 무너 뜨리는 것이, 마치 깨끗하던 쇠가 풍화작용으로 녹슬고 때가 생겨서 그 쇠를 좀먹어 들어가는 것과 같다."

공부인이 수행의 끈을 놓치면 자동적으로 이렇게 되는 것이다.

생야시生也是 사야시死也是 생사어시生死於是 시무생사是無生死라 했다. 죽고 사는 것이 마음에서 나왔으나 시是에는 생사가 없는 것이다.

가고 옴이 없는 생사가 일여一如한 본성本性에 주住함이 여래如來의 참모습이며, 망상妄想을 벗어난 본래 자성自性 자리가 시是이다. 그러나 육신은 나고 죽는 흐름 속에 잠시도 멈추지 않고 찰나刹那에 생멸生滅을 거듭하고 있다. 100억조 이상의 세포로 구성되어 있는 육신은 하루에도 7천만 개 이상의 세포를 생멸시키며 이 몸을 유지하고 있는 것이다.

신심명에 이르기를, 한 생각 일으키면 전부 망상妄想이나, 한 생각을 일으키지 않으면[一心不生] 만법에 허물이 없다[萬法無垢]고 하였다. 만법을 대하되 자기 욕심을 내지 않음이니, 탐심貪心과 진심嗔心을 떠나고 좋고 싫은 생각까지도 다 떨어지고 없으면 그게 바로 생사해탈生死解脫인 것이다.

영가현각 스님 증도가에 이르기를,

수무념수무생誰無念誰無生
약실무생무불생若實無生無不生이라.

"누가 생각이 없으며 누가 남이 없는가? 참으로 나는 것이 없으면 나지 않는 것이 없다."

진실로 나지 않을 때 곧 전체가 난다는 것이다. 모든 일체의 망妄이 다하는 것이 나는 것이 없는 것이며, 거기에서 항사묘용의 무진법문無盡法問이 난다는 것이다.

그리고 이 도리야말로 증도가에서 노래한 "목인방가석녀기무木人放歌石女起舞"라 할 것이다. "나무장승이 노래 부르고 돌 여자가 일어나 춤을 추니" 쌍차雙遮가 곧 쌍조雙照이며 쌍조雙照가 곧 쌍차雙遮여서 차조동시遮照同時인 경계이다. 나무장승이 그대로가 산 사람이며 산 사람 그대로가 나무장승이 되어 원융무애圓融無碍한 구경열반究竟涅槃이 되는 것이다.

그렇다면 정말로 나무장승이 노래하고 돌 여자가 춤을 출 수 있는가? 중생이란 생멸의 변邊에서 사량분별思量分別을 근본으로 삼는다. 하지만 이것이 다 떨어지면 무정물無情物인 나무장승과 돌 여자처럼 되어 대무심大無心이 되고 그때 비로서 진여묘용眞如妙用이 현발現發한다. 곧 대원경지의 경계인 것이다. 이 경계에 들어선 뒤에야 "나무장승에게 물어 보라."는 무정설법의 뜻도 알게 될 것이며, 사대四大와 5온五蘊에서 벗어나 대적멸大寂滅의 세계에 들 수 있을 것이다.

적멸성중수음탁寂滅性中隨飮啄이라.

"적멸한 성품을 따라 먹고 마시리라."는 중도가의 말씀 또한 이러한 "남이 없으면 나지 않음이 없다는 것"을 증득證得한 대자유大自由의 활동活動을 가리키는 것이라 하겠다.

어느 행복한 죽음

호스피스 운동의 대가 로저 쿨은 호주 올린공의 의학전문대학원 교수이며, 영국 킹스칼리지에서 종양학을 전공한 의사이다. 1984년 세계적인 호스피스운동의 선구자인 엘리자베스 퀴블러의 영향을 받아 20년 넘게 요가 중에서도 명상 중심의 라자요가를 하고 있다. 그는 자신의 저서 『사랑의 사명』 출간을 맞아 기자간담회에서 이렇게 말했다.

"죽음을 눈앞에 둔 이들의 이야기가 담겨 있다. 어떻게 해야 '아름다운 죽음'을 맞을 수 있을까. 역설적이지만 '아름다운 삶'에 대한 이야기다. 아름다운 삶을 체험할 때 아름다운 죽음이 가능하고, 평화로운 삶을 체험할 때 평화로운 죽음도 가능하기 때문이다."

그에게 가장 심오한 가르침을 주었던 사람 중에는 5년째 유방암으로 투병 중인 여성 환자가 있었다. 그녀는 사업가로 성공했으며 사회적으로도 존경받는 인물이었다.

그 환자가 물었다.

"닥터 콜, 저는 당신의 책을 다 읽었어요. 그대로 다했는데 지금도 놓아지질 않아요. 어떻게 하면 놓을 수가 있나요?"

그런데 나는 아무 말도 할 수 없었다. 그녀는 내면에서 놓아버리기 위해서 안간힘을 쓰는 게 보였다. 순간 나는 강한 무력감을 느꼈다. 달리 무슨 말을 하겠는가. 조용히 함께 앉아 있었다. 침묵과 고요 속에서 그녀를 바라보았다. 그렇게 공감했더니 그녀가 보였다. 그녀는 많은 걸 달성하고 성공 가도를 달려온 사람이었다. 죽음마저도 '성공'을 경험하고 싶어 하는 그녀가 느껴졌다. 나는 그녀에게 말했다.

"아무것도 할 게 없습니다. 아무것도 놓아줄 게 없습니다."

그랬더니 그녀가 "오, 하나님 감사합니다."라고 하는 것이었다.

그 순간 그녀는 놀랄 만큼 평화로워졌다.

그녀는 그렇게 죽음을 직면했다. 내게는 심오한 가르침이었다. 어떤 가르침이었나? 그녀가 왜 평화로워졌을까? 그것이 중요하다. 그녀는 성공적인 죽음을 맞이해야 한다는 강박관념을 붙들고 있었다. "아무 것도 놔줄 게 없다."는 말을 듣고서야 그 집착을 놓아 버린 것이다. 우리도 마찬가지다. 붙들고 있는 것을 놓아버릴 때 에고ego가 녹는다. 그런 식으로 에고를 놓으면 우리 내면에 있는 영원성이 드러난다.

이어 그는 "죽음이 오기 전에 내가 죽어버리면, 실제 죽음이 왔을 때 내가 죽지 않는다."고 했다. 즉 불교의 "네가 죽어야 너를 본다."는 말과 같다. 육신의 죽음을 맞기 전에 에고를 내려 놓으면 육신의 죽음을 맞더라도 죽지 않는다는 뜻이다. 에고가 무너진 자리로 '내 안의 영원성'이 드러나기 때문이다.

그러나 영국의 물리학자 스티븐 호킹은 "인간의 뇌는 부품이 고장 나서 작동을 멈추는 컴퓨터와 같다. 고장 난 컴퓨터를 위해 마련된 천국은 없다."고 말했다. 즉 내 안의 영원성을 부정한 것이다.

그는 이에 대해 이렇게 대답했다.

"인간이 태어날 때는 순수하다, 그런데 자라면서 아주 미묘하게 '에고'가 생겨난다. 에고는 늘 육체를 자신과 동일시한다. 그것이 육체의식이다. 호킹 박사는 육체의식을 넘어서는 눈을 가지진 않았다. 그래서 유한한 존재로 머문다. 내면에 있는 '영적 의식'에 눈을 뜨지 않았기 때문이다. 하지만 언제든지 지혜로워질 가능성은 있다. 호킹 박사 안에도 이미 '내면의 영원성'이 담겨져 있기 때문이다."

1991년 여름, '마음과 생명의 과학'이라 불리는 분야에 몸담고 있는 서구의 저명한 학자들이 인도 다람살라의 달라이라마 접견실에서 머리를 맞댔다. 철학, 심리학, 생리학, 신경과학, 행동의학 전문가들이었다.

이 자리에서 달라이라마는 "만물에 존재하는 불성, 영성은 몸이나 두뇌에 기반을 두지 않는 것"이라며 "서구과학의 패러다임을 바꿀 수 있는 현상들이 과학 변경 너머에 존재하고 있다."고 주장했다. 그러나 「힐링 이모션」(Healing Emocion)의 저자 바렐라는 이렇게 탄식했다.

"전생의 기억은 티베트 불교를 떠받드는 바탕이다. 하지만 서구에서는 그런 사람을 정신병원으로 보낸다. 의학적으로 정신분열증 내지는 광기로 치부하기 때문이다. 한쪽에서 믿음의 증거인 것들이 다른 한쪽에선 아직까지도 질병의 징후로 처리되고 있는 현실이 안타까울 뿐이다."

전강 선사의 생야시生也是 사야시死也是

생야시生也是 사야시死也是
두두비로물물화장頭頭毘盧物物華藏이니라.

생야시生也是라. 인간이 사대四大로 이루어진 몸뚱이를 받아 가지고, 영靈이 몸뚱이 속에서 이 사대육신을 끌고 다니는 것을 생生이라 한다. 생生이 시是라는 것은 본래 생사가 없다는 말이다.

사야시死也是라. 죽는 것도 시是라는 것은, 몸뚱이 이놈이 죽지, 이 몸뚱이를 끌고 다니는 주인공은 죽는 것이 없다, 독로獨露한 영령의 자리는 그대로 시是이니 생사가 없다는 말이다. 결국 생生도 시是요, 사死도 시是이다.

두두頭頭가 비로毘盧이다. 이 세상의 물질로 된 모든 것들, 꽃이나 나무 등등의 두두頭頭가 다 비로자나 부처란 것은, 이것이 곧 시是이고 진리眞理란 말이다. 그러하기에 물물物物이 다 화장세계華藏世界의 모습을 갖추고 있다.

진리의 자리는 본래 생사가 없고 죄업이 없다. 하지만 그 진리 하나를 깨치지 못하면 번뇌 망상 속에 휩싸이고 죄상罪相에 휩싸이기 때문에 미迷하며, 미迷하기 때문에 근본 취趣[六趣=六道]에 떨어져 애착고愛着苦를 벗어나지 못하니, 죄상 또한 벗어나지를 못한다. 그러나 진리영존眞理永存의 자리를 확철대오하여 턱 깨달아 증證해 버리면 생사를 떠나 있으니 일체 죄업이 붙을 자리가 없다.

이 몸뚱이를 끌고 다니는 소소영영昭昭靈靈한 주인공을 천연물天然物이라 한다. 오직 이 한 물건만은 홀로 짝이 없다. 음과 양, 선과 악, 흑과 백이 있고 빈부와 귀천이 다 상대가 있는 데, 이놈만은 상대가 없다. 다그쳐 조이면 우리의 방촌方寸[마음] 가운데 있지만 턱 펴 놓으면 우주법계 일체처에 편만遍滿해 있어, 이 한 물건은 눈으로 볼래야 볼 수 없고 손으로 잡을 수도 생각으로 알 수도 없다. 일체를 분별하되, 눈

한 번 깜박할 사이에 하늘도 올라가고 지옥도 가고 미국도 가고, 한 생각 잘 돌리면 천사가 되기도 하고, 잘못하면 악마가 되기도 한다. 이 천연물은 사람마다 다 지니고 있으며 부처님이나 범부, 축생이나 미물에 이르기까지 차등이 없다. 다만 인연을 따라서 오고 가되 오고 가는 바도 없다.

그것을 찾는 것이 불법佛法이고 그것을 찾는 최고의 방법이 참선법參禪法이다. 바른 법을 알면 언제나 그곳에 있지만, 이 도리를 깨닫지 못하면 천자天子가 되어서 천하를 호령한다 해도 다 꿈속에서 잠시 그러한 역할을 하는 것뿐이다.

이뭣고 수행을 강조하는 것도 이 때문이다. 이뭣고로 이 도리를 깨달으면 생사生死 속에서 생사를 초월하여 해탈할 것이지만, 그렇지 않으면 청난새를 타고 천상옥경天上玉京에서 천상락을 누린다 한들 한바탕 꿈에 불과한 것이 우리네 삶인 것이다.

방거사龐居士와 딸 영조

방거사(龐蘊, ?-808)는 선종사에 어록이 전해질 만큼 여느 선사 못지않게 깨달음을 이룬 당대唐代의 재가불자였다. 그는 일찍이 불교에 귀의하여 석두(石頭希遷, 700-791) 스님 회상에서 배웠으며, 마조(馬祖道一, 409-788) 스님의 법을 이었다.

방거사가 석두 스님을 친견하여 여쭈었다.

불여만법위려자不與萬法爲侶子 시심마인是甚麼人닛고.

"만 가지 진리의 법과 더불어 벗(짝)을 삼지 아니하는 자, 이 누구입니까?"

그러자 스님은 그 즉시 방거사의 입을 막아 버렸다.

여기서 방거사는 홀연히 진리의 눈이 열렸다.

하지만 아직은 모자람이 있었다. 방거사는 수 백리 길을 걸어 마조 스님께 참학參學을 청하고, 다시 똑같이 여쭈었다. 마조 스님이 답했다.

대여일구흡진서강수待汝一口吸盡西江水 즉향여도卽向汝道라.

"그대가 서강수 큰 강물을 한 입에 마시고 오면 일러 주리라."

방거사는 이 한마디에 깨쳐 마조 스님의 제자가 되었다.

집으로 돌아온 방거사는 대대로 물려받은 논밭을 이웃들에게 나누어 주고 가보家寶와 전 재산은 큰 배에 실어다가 동정호洞庭湖에 수장시켜 버렸다. 주변 사람들은, "그 많고 귀중한 재물을 가난한 사람들에게 나누어 주었다면 얼마나 큰 공덕功德이 되었겠냐?"며 아쉬워했지만, "나의 수행에 큰 짐이 되는 애물단지를 남에게 주어서야 되겠느냐?"고 할 뿐이었다. 그 뒤 가족과 함께 산속으로 들어간 방거사는 오두막을 지어 놓고 산죽山竹을 베어다가 조리와 대바구니를 만들어 팔며 살면서도, 온 가족이 참선수행에 정진하면서 세월을 낚았다.

그러던 어느 날, 단하천연(丹霞天然, 730~824) 스님이 방거사를 찾아왔다. 마침 그의 딸 영조가 우물에서 채소를 씻고 있었다.

"방거사 있느냐?"

영조는 일어나더니 양손을 가슴에 얹고[叉手] 가만히 서 있었다. 형상形相으로서 있음과 없음[有無]을 떠난 자성自性자리인 이뭣고를 드러내 보인 것이다. 단하 스님이 그 뜻을 알고 다시 물었다.

"방거사 있느냐?"

재차 물으니, 영조는 가슴에 얹었던 양손을 내리고 채소 바구니를 머리에 이고 집 안으로 들어가 버렸다. 그러자 선사도 즉시 발길을 돌렸다.

격외格外의 소식을 보인 것이었다. 말이 없는 가운데 말이 분명하니, 이 문답을 바로 볼 줄 안다면 진리의 고준한 안목을 갖추었다 할 것이다.

방거사가 임종을 앞둔 어느 날이었다. 시간이 다가오자 밖에서 산나물을 뜯어다가 다듬고 있는 딸 영조를 불렀다.

"정오가 되거든 알려 다오."

밖으로 나간 영조가 정오가 되자 방거사에게 급히 말했다.

"아버지, 일식日蝕을 하는지 해가 잘 보이지 않으니, 나와 보세요."

이에 방거사가 직접 확인하려고 뜰로 나온 사이, 얼른 방으로 들어간 영조가 아버지가 앉았던 자리에 단정히 앉아 열반에 들어 버렸다.

이를 본 방거사는 껄껄 웃으며, "내가 저 애에게 속았구나."하며 딸 영조의 상喪을 치러 주고, 자신은 일주일 뒤에 열반에 들었다. 또 그 소식을 동네사람들이 밭에 있던 방거사 부인에게 알리니, 부인은 괭이를 든 채 밭을 매던 그 상태로 열반에 들어 버렸다.

이렇듯 누구나 꿈에서 깨어나면 옷 벗어 걸어 놓듯이 생사生死를 자유자재하게 굴릴 수가 있다. 그 열쇠가 이뭣고이다.

방거사의 임종게이다.

단원공제소유但願空諸所有 절물실제소무切物實諸所無
호주세간好住世間 유여영향猶如影響이라.

"다만, 있는 것을 비우기를 원할지언정 없는 것을 채우려 하지 말아라. 세상 잘 살아라. 마치 그림자와 메아리와 같은 것이니."

유마거사의 입불이법문入不二法門

흔히들 유마경의 꽃은 입불이법문품入不二法門品이라고 한다. 유마경은 유마힐보살이 병을 핑계로 두문불출하자 문수보살을 비롯한 성문과 보살들이 문병을 가는 장면으로 시작한다. 문수보살이 병문안을 감으로써 법담法談이 시작되는 것이다.

이때 유마거사가 묻는다.

"무엇이 보살이 둘이 아닌 법문不二法門에 들어가는 것입니까?"

즉 유일무이唯一無二한 최상지극最上至極의 법문에 어떻게 들어가느냐고 물은 것이다. 이에 대해 31명의 보살들이 각각 불이不二에 대한 자신들의 견해를 말한다.

하지만 이들의 대답은, "색色과 그 색이 공空한 것을 서로 대립하는 둘이라 하나, 색은 그대로가 공空한 것으로서 색色이 멸함으로써 공한 것이 아니고 색의 본성이 본래 공한 것입니다. 이와 같이 수受·상想·행行·식識도 그대로가 공空한 것입니다. 식識과 공空도 서로 대립한 둘이라 하나, 식識 그 자체가 공空한 것이지, 식識이 멸했기 때문에 공한 것은 아닙니다. 식의 본성이 본래 공한 것입니다. 이와 같이 통달하는 것을 입불이법문이라 합니다."라는 희견喜見보살의 대답처럼 이미 '둘二'이라는 관념에 머물러 있다.

그러자 유마거사가 마지막 남은 문수보살에게 묻는다.

"무엇이 보살이 둘이 아닌 법문에 들어가는 것입니까?"

문수보살이 답했다.

"나의 생각으로는 일체법一切法에 대해서 언설言說이 없으며 [無言無說], 가리키는 것도 없고[無示] 식별하는 것도 없으며[無 識], 모든 문답을 떠난 것이 입불이법문이라고 생각합니다."

이렇게 지금까지의 대답을 모두 부정한 문수보살이 이번에 는 유마힐에게 물었다.

"우리는 각자의 생각을 말하였습니다. 당신께서는 어떤 것 을 입불이법문이라고 하시겠습니까?"

그러나 유마거사는 묵묵히 말이 없었다.

그러자 문수보살이 찬탄하여 말했다.

"훌륭하고 참으로 훌륭합니다. 문자도 언어까지도 전혀 없 는 이것이야말로 진실로 불이의 경지에 깨달아 들어가는 법 문입니다."

이와 같이 입불이법문을 설할 때 대중들 가운데 5천의 보 살 모두가 무생법인無生法忍을 얻었다.

부설浮雪 거사居士

부설 거사는 신라 선덕여왕 때의 재가 거사이다.

어려서 출가하여, 뒷날 도반인 영희靈熙·영조靈照 스님과 함께 지리산·천관산·능가산 등지에서 수 년 동안 수도했 다. 그러던 중 문수文殊 도량을 순례하기 위하여 두 스님과 함께 오대산으로 가던 길이었다. 지금의 김제 만경들판이 있는 구무원仇無冤의 집에서 하룻밤을 묵게 되었는데, 그 집에는 날 때부터 말 못하는 18세의 딸 묘화妙花라는 처녀가 있었다.

그날 저녁, 묘화의 부모가 법문을 청하자 세 분 스님이 법문을 했다. 그러자 이 법문을 듣고 묘화의 입이 열렸는데 말문이 터진 딸이 부모에게 간청하기를, 부설에게 시집을 보내주지 않으면 죽겠다며 매달렸다. 어떻게 스님에게 시집을 갈 수 있느냐고 달래보았지만 묘화의 고집은 막무가내였다. 이튿날, 그녀의 부모는 길을 떠나는 부설 스님을 붙들고 어렵게 입을 열었다.

"저희 딸이 18년 동안 벙어리로 있다가 스님의 법문을 듣고 입이 열렸는데, 꼭 스님에게 시집을 보내달라고 하니 어찌하면 좋습니까?"

부설은 스님의 본분이 있는데 어찌 혼인을 하겠냐며 완곡하게 거절했다. 그래도 묘화의 고집은 꺾이지 않았다. 오히려 스님에게 시집을 못갈 바엔 차라리 죽겠다며 자살을 기도했다.

"모든 보살의 자비는 중생을 인연따라 제도하는 것이라 했는데, 어찌 인명을 죽게 버려두겠는가?"

결국 부설은 묘화를 받아들일 수밖에 없었다.

그러나 영희와 영조 스님은 그런 부설 스님을 이해할 수 없었다. 보살의 자비심에서 행한 참 방생을 받아들이지 못한 두 스님은 부설 스님을 조롱하며 오대산으로 길을 떠났다.

그 뒤 오대산에서 10여 년을 수행하여 도가 무르익었다고 생각한 두 스님은, 두고 온 부설을 제도하고자 길을 나섰다.

이때 부설은 아들 딸 남매를 두고 있었는데, 문을 걸어잠근 채 수행하고 있었다.

옛 도반들이 찾아오자 부설이 말했다.

"나는 속가에서 이렇게 살고 있다네."

그리고는 그동안 서로가 쌓은 공부를 시험해보자고 했다.

병에 물을 가득 채워 대들보에 달아두고 자기의 병을 돌로 쳐서 물이 흘러내리는지 아닌지로 도력을 가늠하기로 하였다. 먼저 영희, 영조 두 스님이 병을 깨뜨리자 물이 흘러내렸다. 하지만 부설의 병은 깨지긴 했어도 물이 공중에 매달려 있었다.

육체는 떠나도 도道는 그대로 있음을 보여준 것이다. 이에 영희, 영조 스님은 부설 거사에게 예배하고 무릎을 꿇었다.

부설 거사는 뒷날 변산으로 가서 자신은 부설암浮雪庵을, 부인은 묘적암妙寂庵을 짓고 수행했다. 또 딸과 아들을 위해 월명암月明庵과 등운암登雲庵을 지었다.

부설 거사浮雪居士는 죽음에 대해서 '뜰 부浮' 자를 사운四韻으로 해 네 가지 허망함을 노래[四浮詩]했다고 전하는 데, 그 내용은 다음과 같다.

첫째, 처자권속이 삼대와 같이 많고, 금이며 옥이며 비단이 산더미와 같이 쌓였더라도 임종에는 고혼만 홀로 가니 생각하면 다 허망해서 뜨고 뜬 것이다.

둘째, 날마다 분주하게 출세 길에 바쁘다가 벼슬이 겨우 높아지면 이미 인생이 늙어서 황혼 길이 가까운 데, 염라대왕이 사람의 벼슬 높은 것을 두려워하지 않으니 생각하면 다 허망해서 뜨고 뜬 것이다.

셋째, 마음씨가 곱고 말 잘하기를 우레와 같은 사자후로 하며, 글을 잘해서 조리에 정연하고, 감정이 풍부한 시時와 문장으로 천하 사람을 웃기고 울려서 가볍게 보더라도, 다생多生을 두고 '나'라는 아만심만 더할 뿐 자기의 생명을 자유로이 못하니 생각하면 허망해서 뜨고 뜬 것이다.

넷째, 설사 설법을 잘해서 구름과 비와 같이 막힘이 없고 거룩해서 하늘에서는 꽃을 흩고 돌이 머리를 조아리더라도(어떤 법사가 어찌나 법문을 잘하는지 그 법사가 법문을 하면 하늘에서 꽃비가 내리고 돌이 법문을 듣고 머리를 끄덕였다는 고사가 있다), 마른 지혜로는 능히 생사를 면치 못하나니 생각하면 모두 허망해서 뜨고 뜬 것이다.

부귀와 세도, 문장과 지식으로는 생사를 면치 못한다는 내용이다. 오직 수행을 해서 깨친 자만이 자유자재하여 중생처럼 업식業識에 매달리지 아니한다는 뜻이다.

간병看病의 공덕功德 ● 오달국사悟達國師

당나라 말기에 지현知玄이라는 스님이 있었다. 스님은 계행戒行을 잘 지키고 언제나 자비심을 갖고 화를 내지 않았으므로 대중스님들이 그에게 간병看病 소임을 맡겼다.

그러던 어느 날, 성질이 괴팍하고 포악한 노스님 한 분이 왔다. 문둥병 환자로 피고름이 줄줄 흐르고 악취가 지독했으나 자기의 요구대로 해주지 않으면 주먹으로 때리고 갖은 욕설을 퍼부었다. 그런데도 지현 스님은 신경질이나 말대꾸 한마디 없이 성심을 다해 보살펴주었다. 극진한 간호 덕택으로 노스님은 3개월쯤 뒤에는 완쾌되었는데, 절을 떠나면서 지현 스님에게 말했다.

"스님이 40세가 되면 나라의 국사國師로 뽑혀 천하를 호령할 것이오. 황제처럼 봉연을 타고 좋은 음식을 먹고 좋은 의복을 입고 사람들의 존경을 받게 될 것이오. 그러나 아만심我慢心을 갖게 되면 큰 고통을 받게 될 것이니, 그때는 잊지 말고 다룡산 큰 소나무 밑에 있는 영지靈地를 찾아오시오. 그러면 나를 만날 수 있으리다."

지현 스님은 40세가 되자 문둥병 스님의 말대로 국사가 되어 황제로부터 오달悟達이란 호를 받았다.

그런데 세월이 흐르다 보니 자연히 배가 나오고 목에 힘이 들어갔다. 그러던 어느 날 아무런 까닭 없이 넓적다리가 쓰리고 아파오기 시작하더니 아픈 부위가 점점 커져서 주먹만

한 혹이 되었다. 그 혹에는 사람의 얼굴과 똑같이 눈, 코, 입이 생겨났는데 걸을 때마다 통증이 심해 얼굴이 일그러지니 국사의 체면이 말이 아니었다. 또 며칠이 지나자 그 혹에서 이상하게 사람의 소리가 났다.

"오달아! 너 혼자만 좋은 음식 먹지 말고 나도 좀 먹게 해 다오. 네가 다리를 절뚝거리지 않으려고 억지로 걸음을 걸을 때마다 나는 얼굴이 당겨서 견딜 수가 없구나."

오달국사는 기절초풍하여 물었다.

"너는 도대체 누구이냐? 무슨 원한이 있어 이렇게 나를 괴롭히느냐?"

그러나 인면창은 아무 대답도 하지 않았다.

명의를 불러 치료를 해 보아도 백약이 무효였다.

그때서야 문둥병 스님의 말을 기억해 낸 오달국사는 그날 밤, 대궐 밖으로 몰래 나와 다룡산을 찾아갔다. 과연 두 그루 소나무 아래의 정자에 그 문둥병 스님이 앉아 있었다. 문둥병 스님은 정자 아래의 영지靈池를 가리키며 그곳에서 인면창을 씻으면 없어질 것이라며, 인면창과의 관계를 말했다.

"옛날 나는 한나라 경제景帝 때 재상 조착이고 너는 오나라 재상 원앙이었다. 그때 네가 오나라에 사신으로 와서 무고한 나를 황제께 참소하여 일곱 토막을 내어 죽게 하였다. 그것이 철천지 원수가 되어 1천년 동안이나 원한을 갚기 위하여 기회를 노렸는데, 네가 세세생생 중이 되어 계행을 청정하게 잘 지켜서 기회가 없었다. 그러다가 마침 네가 국사가 된 뒤에 계행이 해이해지고 수행에 구멍이 나기 시작하여 너의 선신이 떠나니 이때를 잡아 인면창으로 뿌리 박은 것이다. 하지만 네가 병든 스님들을 지극 정성으로 간병한 공덕으로 저 스님의 은혜를 입었고, 나 또한 저 스님의 가피를 입어 해탈하게 된 것이다. 저 스님은 말세의 화주로 다룡산에 계시는 빈두로존자이시다."

그 뒤 오달국사는 그곳에 머무르면서 참회수행서인 자비수참慈悲水懺을 저술하고 수행 정진했다고 한다.
삼세인과경에 이르시길,

가사백천겁假使百千劫 소작업불망所作業不亡
인연회우시因緣回遇時 과보환자수果報還自受라.
"가령 백천 겁이 지나도 자기가 지은 업보는 없어지지 않고, 언젠가 인연이 되면 그 과보를 꼭 다시 받게 된다."

순현보順顯報 순생보順生報 순후보順後報 부정보不定報라 했다.
과보는 때를 가리지 않으니 금생에 지어 금생에 받기도 하고, 금생에 지어 내생에 받기도, 금생에 지어 후생에 받기도 하며, 때로는 언제 받을지 모르지만 때가 이르면 꼭 받고야 마는 게 업의 과보이다.

나는 누구인가? (Ⅰ)

충남 계룡산 국제선원 무상사의 조실 대봉大峰 스님은 유대계 미국인이다. 출가 전 스님은 필라델피아 코네티컷 칼리지에서 심리학을 공부한 뒤 병원에서 심리상담사로 근무했다. 대봉 스님이 숭산(崇山, 1927-2004) 스님을 만난 것은 1977년 3월이었다. 이 즈음 숭산 스님은 뉴헤이븐 코너티컷에서 선원을 운영하고 있었는데, 우연히 스님의 법석에 참석하게 된 것이다. 그때 한 학생의 질문은 대봉 스님의 삶을 송두리째 바꿔 놓았다.

What is insanity and what is sanity?
"어떤 것이 미친 것이고, 어떤 것이 미치지 않은 겁니까?"
이 질문에 숭산 스님은 다음과 같이 대답했다.
"미쳤다는 것은 어떤 것에 매우 집착하고 있다는 것이다. 조금 집착執着하면 조금 미친 것이고, 많이 집착하면 많이 미친 것이다. 만약 어떤 것에도 집착하지 않는다면 그는 미치지 않은 자다."

대봉 스님은 그 답을 듣는 순간 딱 알았다고 한다.
'내가 10년간 심리학을 공부하고 병원에서 공부를 한 것보다 낫구나.'
그럼 모두가 미쳤다는 애기인가? 그렇다. 이 세상 모든 사람이 미쳤다. 왜냐하면 모든 사람이 '나'에 집착하기 때문이다. 그런데 실상 '나'는 어디에도 존재하지 않는다. 왜 그러한가. '나'라는 것은 생각으로 만들어낸 것이기 때문이다. 그래서 생각의 산물인 '나'를 없애고 진정한 본성을 찾기 위해 참선을 하는 것이구나.

'저 분이 내 스승이구나.' 하고 직감한 스님은 숭산 스님과 마주 앉았다. 숭산 스님이 물었다.

"너는 무엇인가?"

스님은 아무 말도 할 수 없었다. 숭산 스님이 말했다.

"당신이 생각하면 나의 생각과 당신의 생각은 다르다. 그런데 당신이 생각을 끊으면 나의 마음과 당신의 마음은 하나다. 나의 '모를 뿐'이란 마음과 당신의 '모를 뿐'이란 마음이 같다. 그게 생각하기 이전의 마음이며, 바로 그 생각 이전이 우리의 참 본성이다."

숭산 스님이 주장자를 들더니 말했다.

"이 막대기의 실체와 해와 달과 별의 실체가 다 같은 것이다."

스님은 그 길로 숭산 스님을 은사로 행자 생활을 시작했다. 1984년 서울 화계사에서 출가한 스님은 2000년, 계룡산에 국제선원 무상사를 창건한 뒤로 줄곧 조실[祖室: 절집의 최고 어른]로 있으면서 선수행을 보급하고 있다.

2010년 봄, 스님은 산신각山神閣을 세웠다. 참선도량인 무상사에 민속신앙이 습합된 산신각이 들어선 것에 대해 신도들의 반감이 적지 않았다. 산신신앙은 한국불교에서만 볼 수 있는 고유한 것이지만, 그 의미를 짚어보면 자연에 대한 존경을 담고 있다. 이 우주는 우리 인간만의 우주가 아니다. 이 세계는 온갖 생명체는 물론 산하山河에 나뒹구는 돌과 흙 같은 무생물이 함께 어우러져 존재하는 세계이다. 스님이 산신각을 세운 것도 이 때문이었다. 산신각을 통해 모든 존재의 평등함을 보이고 싶었던 것이다. 서양 사람들은 불교의 이러한 메시지에 열광한다.

▷ 그것은 산을 통해서 붓다의 몸을 보기 때문인가?
 - 그렇다. 이 모든 우주가 부처이고, 부처의 몸이다.
▷ 사람들은 왜 그걸 못 보는가?
 - 나의 의견을 가지고 있기 때문이다. 그래서 '있는 그대로' 보지 않는다. 사람은 대부분 생각으로 사물을 본다. 모든 문제가 거기서 발생한다.
▷ 나의 의견을 버리는 길은?
 - 수행방법의 방향성이다.
▷ 그 방향성은 무엇인가?
 - 당신의 의견을 내려놓아라. 생각 이전에는 의견이 없다.
▷ 그렇게 의견을 내려놓다 보면 붓다가 설한 무아無我를 알게 되는가?

— 그렇다. 표현은 다르지만 뜻은 하나로 통한다. 거기서 우리는 하나가 된다.

나는 누구인가? (II)

인도의 성자聖者 마하리쉬(Ramana Maharshi, 1879~1950)는, "우리가 자신에게 할 수 있는 가장 좋은 질문인 '나는 누구인가?'라는 의심을 계속하게 되면 다른 생각들은 스스로 타버리는 불소시게처럼 사라진다."고 말했다.

'나'라는 한 생각이 어디에서 일어나는가?
내면으로 방향을 돌려 보아야 한다. 나를 본다는 의미는 생각과 감정에서 벗어난다는 의미이다. 모든 생각과 망상妄想은 전생의 인습因習으로 제8아뢰야식의 창고에 쌓아 놓은 아타나[執持識]란 업종자業種子가 한 생각이 떠오를 때마다 분별의식分別意識으로 순간순간 표출되어 전생을 재연한 것이다. 그 한 생각이 일어나기 전에 찰나에 알아차리[싸띠]고 **이뭣고**로 그 뿌리를 제거하는 수행이 이어질 때 비로소 내가 누구인가를 깨달을 수 있다.
그리스 철학자 소크라데스가 인용한 델포이 신전의 경구, '너 자신을 알라.'(know yourself)는 인간의 본질적인 깨달음에의 접근보다는 무지無知에 대한 충고로 받아들여진다. 소크라테스는 법정 최후 진술에서 "진리에 대한 정열이 인간에게는 최고의 법규"라고 형이상학적으로 접근하여, '내가 누구인가?'에 대한 근본적인 물음을 신神의 영역으로 남겨두었다. 서양의 형이상학形而上學에서는 삶과 죽음, 영과 육의 갈등은 인간으로서는 극복할 수 없는 한계이며 운명運命으로 간주되어 오직 신神의 몫으로 돌린다.

그러나 불교에서의 깨달음은 그러한 인간 운명의 한계에 대해 도전한다. 견성성불은 삶과 죽음이라는 분별경계를 넘어 무아無我로서의 존재, 주인공主人公으로서 우주 진리의 본체本體인 본래불本來佛임을 깨닫는 것이다.

다섯째 마당

깨친 인연들

밝은 거울은 본래 깨끗하거니 어느 곳에 티끌과 먼지 물들리요.

신령스런 빛이 육근 육진을 벗어났네

　당대唐代의 고승 신찬神贊 스님은 본래 계현戒賢 스님을 스승으로 출가했다. 그러나 스승이 경학經學에만 전념하므로 3년여간 머물다가 하직하고, 백장 선사의 문하에서 깨침을 얻었다. 그 후 계현 스님에게 다시 돌아오니 스승이 물었다.
　"너는 나를 버리고서 여러 해 동안 소식이 없더니, 그동안 무슨 소득이나 있었느냐?"
　"본래 무일물無一物인데 얻을 것이 무엇이 있겠습니까?"
　스승은 그 뜻을 알아듣지 못하였다.
　어느 날 스승이 신찬에게 목욕물을 데우게 하고 등을 밀어 달라고 하니, 등을 밀다가 혼잣말로 중얼거렸다.
　호개불전好箇佛殿인데 이불무영而不無靈이라.
　"법당은 훌륭한데 영험치 못하군."
　그 말에 스승이 뒤를 돌아보니 한마디 더 덧붙였다.
　불수무령佛雖無靈인데 역능방광亦能放光이라.
　"비록 부처는 영험치 못하나 방광은 할 줄 아는군!"
　그럼에도 스승은 신찬의 말을 귓전으로 흘렸다.
　며칠 뒤였다. 스승이 창가에 앉아 경을 읽고 있는데 마침 벌 한 마리가 방 밖으로 나가려고 창호지에 몸을 부딪치며 안

간힘을 쓰고 있었다. 그러자 신찬 스님이 또 한마디 던졌다.

공문불긍출空門不肯出 투창야대치投窓也大癡
백년찬고지百年鑽古紙 하일출두기何日出頭期라.

"벌이 방에 들어와 열린 문은 마다하고 창문만 부딪치니
참으로 어리석구나. 백 년을 뚫어지라 경책을 들여다 본들
어느때 깨우쳐 문 없는 우주와 하나 되리오."

그때서야 스승은 무엇인가 가슴에 와 닿는 게 있어, 신찬
이 범상한 인물이 아닌 줄 알고 물었다.
"나는 네가 나가서 허송세월을 하고 온 줄 알았더니, 그동
안 누구에게서 법을 배웠느냐?"
"백장 선사 문하에서 참선수행으로 깨닫고 왔습니다."
"오! 거룩한 일이로다. 네가 비록 내 상좌上佐이나 공부로는
나의 스승이니 선사를 대신해서 나에게 불법을 설해다오."
스승이 종을 쳐 대중을 불러 모으니 신찬 스님이 설하기를,

영광독로형탈근진靈光獨露迴脫根塵
체로진상불구문자體露眞相不拘文字
진성무염본자원성眞性無染本自圓成
단리망연즉여여불但離妄緣即如如佛이라.

"신령스런 빛이 홀로 드러나 육근 육진을 벗어나 본체가
참모습을 드러내니, 언어와 문자에 의지하지 않네. 참 성품

은 본래 오염되지 않아 원만하게 구족되어 있으니 망연妄緣만 여의면 그대로 여여불이라네."

즉 망념妄念이 올라오는 즉시 알아차리고 그 자리에 이뭣고 하면 그 생각의 뿌리를 뽑아 업장業障을 소멸시킬 수 있다. 이렇게 할 때 육진 경계에 물들지 않고 윤회의 굴레에서 벗어나게 되는 것이니, 이것이 참수행의 핵심이다.

나무꾼 육조혜능

나무꾼 혜능이 처음 황매의 빙무산을 찾아 불법을 배우고 싶다며 인사를 드리자, 오조홍인五祖弘認 스님께서 물었다.
"어디서 왔는고?"
"영남 신주에서 왔습니다."
"갈로(오랑캐 사는 곳)에서 온 촌놈이 어찌 불법을 배우려고 하느냐?"
"사람이야 남북南北이 있지만, 부처 성품 자리에 어찌 남북이 있겠습니까?"
법기法器를 본 홍인 스님은 내심 깜짝 놀랐지만, 짐짓 무심한 척 공양간으로 보내어 방아 찧은 일을 하도록 했다. 법기法器를 다듬을 시간이 필요했던 것이다.
그렇게 8개월여가 지난 어느 날이었다.
홍인 스님이 대중들에게 이르기를, 발우와 가사를 전하겠다며 각자 깨달은 바를 게송으로 지어 가져오라고 했다. 그러자 문인 가운데 상수제자였던 신수 스님이 자신의 견처를 게송으로 올렸다.

신시보리수身是菩提樹 심여명경대心如明鏡臺
시시근불식時時勤拂拭 막사유진애莫使有塵埃라.
"몸은 보리의 나무요 마음은 밝은 거울과 같으니, 때때로 부지런히 털고 닦아서 티끌과 먼지를 없게 하라."

홍인 스님은 "문 앞에 이르렀을 뿐, 아직 문 안에는 들어오지 못했다."며 다시 지을 것을 요구했다. 그러나 신수 스님은 더 이상의 게송을 짓지 못하였다.
이때 혜능이 게송을 구술하여 지어 올렸으니,

심시보리수心是菩提樹 신위명경대身爲明鏡臺
명경본청정明鏡本淸淨 하처염진애何處染塵埃라.
"마음은 보리의 나무요 몸은 밝은 거울의 받침대라. 밝은 거울은 본래 깨끗하거니 어느 곳에 티끌과 먼지 물들리요."

게송을 본 홍인 스님은 때가 이른 것을 알고 방앗간을 찾아 혜능에게 물었다.
"방아는 다 찧었느냐?"
"방아는 다 찧었습니다만, 아직 택미擇米(쌀을 고르는 것)를 못했습니다."

　도道는 다 이루었으나 아직 인가認可를 받지 못했다는 답이었다. 이 말을 들은 홍인 스님은 지팡이를 탕탕탕 세 번을 치더니 뒷짐을 하고 방으로 돌아갔다. 야밤삼경에 아무도 모르게 뒷문으로 오라는 뜻이었다.

　그날 밤, 혜능이 방으로 들자 홍인 스님은 그만을 위해 금강경을 설했다. 혜능은 한 번의 설법만으로도 크게 깨우쳐 모든 법이 자기 자성自性을 떠나지 않음과 또한 만법은 자성의 현현顯現이 아닌 것이 없다는 것을 확철대오하였다. 이에 홍인 스님은 법法을 전하여 육조六祖로 인가하고, 의발衣鉢을 신표로 주었다. 또한 주변 사람들이 헤칠 것을 염려한 홍인 스님은 혜능을 서둘러 떠나게 했다.

　혜능이 오조의 법과 의발을 가지고 야반도주한 것이 알려지자 이를 빼앗으려 수백 명이 뒤를 쫓았다. 하지만 두 달쯤 되어 대유령에 이르자 모두 돌아갔는데, 오직 혜명이라는 난폭한 자가 끝내 고갯마루까지 쫓아왔다. 혜능은 의발을 바위 위에 올려놓고 몸을 숨겼다. 혜명이 의발을 집어들었지만 그것은 꼼짝도 하지 않았다. 선법禪法의 전승을 위한 성물聖物이란 힘만으로는 취할 수 없는 것이었다.

　두려움에 싸인 혜명이 자신의 허물을 뉘우치고 가르침을 청하니, 혜능 스님은 그제서야 입을 열었다.

　불사선不思善 불사악不思惡

정당正堂 임마시恁麼時 나게시那箇是

상좌上座 본래면목本來面目인고?

"선도 생각하지 않고 악도 생각하지 않을 때 혜명 수좌의 본래면목은 무엇인가?"

상대적相對的인 선악善惡 시비是非 분별分別을 떠난 절대적인 부모미생전父母未生前 본래면목本來面目을 물은 것이다.

이 물음에 혜명이 홀연히 깨닫고 삼배를 올리니, 혜능 스님이 다시 물었다.

"무엇을 깨달았는고?"

여음료자如飮料者 냉온자지冷溫自知라.

"물을 마셔본 자만이 차고 더운 지를 스스로 압니다."

이에 혜능 스님이 인가하시니, 육조의 첫 번째 제자가 되었다.

— 육조 스님의 오도송悟道頌 —

하기자성본자청정何期自性本自淸淨

하기자성본불생멸何期自性本不生滅

하기자성본자구족何期自性本自具足

하기자성본무동요何期自性本無動搖

하기자성능생만법何期自性能生萬法

내 자성이 본래 청정한 줄을 어찌 알았겠습니까?

내 자성이 본래 생멸이 없는 줄을 어찌 알았겠습니까?

내 자성이 본래 저절로 갖춰져 있는 줄을 어찌 알았겠습니까?

내 자성이 본래 동요가 없는 줄을 어찌 알았겠습니까?

내 자성이 능히 만물 만생을 만들어 내는 줄을 어찌 알았겠습니까?

— 육조 스님의 무념위종無念爲宗 —

불생불멸不生不滅의 상주법계常住法界는 오직 무진연기無盡緣起만이 있을 뿐이니 이것이 제법諸法의 실상實相이다.

세상의 모든 정신적 물리적 현상은 오직 진성연기眞性緣起일 뿐이다. 꿈과 같고 환幻과 같은 현상現相을 실제인 줄로 오인하여 분별하고 취사取捨하면서 집착하기 때문에 시시비비是是非非가 일어나는 것이다.

밝음도 어두움도 깨달음도 미혹함도 전부 여여부동한 참성품의 거울에 나타난 허망한 그림자로 진성眞性이 연기緣起한 것이니, 대원경大圓鏡에 들면 번뇌煩惱가 그대로 보리菩提요, 속박이 그대로 해탈이다.

❋ 무념無念 · 무상無相 · 무주無住

육조단경六祖壇經에 이르기를,

아자법문我自法門 종상이래從上已來
무념위종無念爲宗 무상위체無相爲體 무주위본無住爲本이라.
"나의 법문은 예로부터 모두 무념을 세워 종宗을 삼나니,
무상으로 몸[體]을 삼고 무주로 근본을 삼느니라."

무념無念이란 온갖 경계에 물들지 않고 생각으로부터 생각
을 떠난 것이며, 무상無相이란 상相으로부터 상相을 떠난 것이
며, 무주無住란 사람의 본체 성품性品이니 선악 · 시비 · 염정
등의 지나간 일에 생각이 머무르지 않는 것이다.

지혜관조智慧觀照 내외명철內外明徹
식자본심識自本心 약식본심若識本心
즉시해탈卽是解脫 약득해탈若得解脫
즉시반야삼매卽是般若三昧 즉시무념卽是無念
하명무념何名無念 약견일체법若見一切法
심불염착心不染着 시위무념是爲無念이라.
"지혜로 관조하여 안과 밖이 아주 환하여 자기의 본래 마
음을 알게 되면 즉시 해탈이고 반야 삼매이며, 곧 무념이라
하니, 일체법에 물들지 않는 것이 무념이다."

내외명철이 청정법신불이며 반야삼매이며 무념無念이다. 마치 맑은 유리병 속에 태양이 빛나는 것과 같다.

신회(神會, 668-760)가 육조 스님께 물었다.

"마음에 시비是非가 있습니까?"

"없다."

"마음에 거래去來가 있습니까?"

"없다."

"마음에 머무를 곳이 있습니까?"

"없다."

"스님은 마음을 무주無住라고 말씀하시지만, 마음 자체는 무주임을 압니까?"

"아느니라."

"제 생각에는 무주無住하는 곳에 안다는 생각을 세움은 잘못인 듯합니다."

"무주란 적정寂靜이다. 적정의 본체本體를 정定이라 부른다. 본체에는 자연지自然智가 있어서 본래의 적정한 본체를 알게 되는 데 그것을 혜慧라고 한다. 이것을 정혜일체定慧一體라 하는 것이다."

마음의 자유로운 흐름의 근저에는 이미 지智가 작용하고 있다. 즉 무주의 자각自覺에서 일체의 동작動作이 현출現出되는 것이다. 무주無住는 또한 무념이다. 무념無念이기 때문에 무작無作이요, 무상無相이 된다.

단경壇經은 또 이른다.

"나의 법문은 정혜定慧를 근본根本으로 하느니, 미혹하여 혜와 정이 다르다고 말하지 말라. 정혜의 체體는 하나이지 둘이 아니다. 곧 정定은 혜의 체體이며, 혜는 정定의 용用이니, 혜가 작용할 때 정이 혜에 있고, 정이 작용할 때 혜가 정에 있느니라."

선정과 지혜는 등燈과 등불에 비유할 수 있다. 즉 등이 있으면 등불이 있고, 등이 없으면 등불이 없다. 등燈은 등불의 본체요, 등불은 등의 작용이다. 이름은 다르지만 몸은 둘이 아니다.

어육진중於六塵中 무염무잡無染無雜
거래자유去來自由 통용무체通用無滯
즉시반야삼매卽是般若三昧 자재해탈自在解脫
명무념행名無念行이라.

"육진 속에서 물들지 않고 섞이지도 않아서, 가고 옴에 자유로우며 널리 사용하여도 걸림 없음이 곧 반야삼매이며 자재 해탈이니, 무념행無念行이라 한다."

대승선정大乘禪定은 망상妄想을 일으키지 않는 무념선정無念

禪定이다. 좋고 싫은 애증을 일으키지 않고 집착執着하지 않는 것이다. 정定은 집착하지 않는 것이고, 혜慧는 바로 보는 직관直觀이다. 여기에서의 직관은 시심마是甚麽의 시是를 **이뭣고**로 회광반조하여 자성自性을 자각自覺하는 것이다.

이렇게 일체처一切處 일체시一切時=行住坐臥에 항상 직심直心[순수한 마음]을 행하는 것을 단경에서는 '일행삼매一行三昧'라 했다.

일행삼매는 직심直心을 행하여 일체법에 있어서 집착과 망념을 일으키지 않는 것을 말한다. 직심直心은 항상 진여眞如를 생각하며 마음을 평등히 가져 자리타리自利他利를 실천하는 곧은 마음이다. 유마경維摩經에서는 이 "직심이 바로 도량이며 정토淨土"라고 했다.

사사무애법계事事無礙法界와 원효 스님

화엄학에서는 현상 세계를 비로자나불의 현신으로 보아 법계法界라 하는 데, 이를 사법계事法界·이법계理法界·이사무애법계理事無礙法界·사사무애법계事事無礙法界 등의 네 가지로 구분한다.

사법계事法界는 현상 세계는 미혹하여 온갖 차별이 있다는 세계관이며, 이법계理法界는 깨달음의 눈으로 보면 우주의 모든 사물은 진리가 현현顯現된 것이라는 세계관이다. 이사무애법계理事無礙法界는 현실의 미혹한 세계와 깨달음의 세계, 즉

현상과 진리가 불이不二의 관계에 있다는 세계관이다. 여기에 이르면 번뇌가 곧 보리이다. 사사무애법계事事無礙法界는 현실의 존재들이 서로 원융상즉圓融相卽한 연기緣起 관계에 있다는 세계관이다.

비유하여 말하면, 사법계事法界는 조그마한 배를 타고 바다에 나가니 물에 빠져 허우적거리는 인생살이로 볼 수 있고, 이법계理法界는 방파제 안에 있어서 물에 빠질 일 없이 여유롭게 노는 것이며, 이사무애법계理事無礙法界는 큰 배를 타고 육지와 바다를 내 맘대로 오가는 것이며, 사사무애법계事事無礙法界는 물에 빠지고 말고를 떠나서 물에 빠지면 전복을 따고 배에 있으면 고기를 낚는 등 바다와 내가 하나가 된 세계이다.

원효는 의상과 함께 당나라 유학을 떠났지만, 도중에 해골바가지의 물을 먹고 일체유심조一切唯心造를 깨닫고는 신라로 돌아왔다. 감로수와 해골에 담긴 물이 둘이 아니라는 것, 즉 '보리가 번뇌요, 번뇌가 보리'라는 이사무애법계를 직시한 것이다.

원효가 당대에 명성을 날리며 많은 사람들에게 존경尊敬을 받고 있을 때, 대안大安스님은 경주 남산 골짜기의 움막 속에 살면서 산짐승들이나 돌보며 수행하고 있었다. 그러던 어느 날, 길거리에서 우연히 마주친 대안 스님이 원효를 이끌었다.

"여보시게 원효, 나와 같이 가보세."

따라가 보니 천하고 가난한 사람들이 즐겨 찾는 저잣거리의 주막집이었다. 대안 스님은 서슴없이 주모에게 술 한 상을 청했다. 청정 계율을 지키며 서라벌의 왕족이나 귀족들과 교류하면서 지내 온 원효로서는 받아들일 수 없는 자리였다. 원효가 자리를 박차고 나가니, 대안 스님이 등 뒤에 대고 한마디 했다.

"여보시게, 원효! 마땅히 구제 받아야 할 중생들을 여기에 두고 어디 가서 중생을 구제한단 말인가?"

대안 스님의 말은 분황사로 돌아온 원효의 가슴을 뒤흔들어 놓았다. 부처와 내가 다르지 않고 색色과 공空이 둘이 아니라고 했지만, 나도 모르는 사이에 귀천을 나누고 깨끗한 것은 취하고 더러운 것은 버리고 있었던 것이었다. 경계에 부딪치니 머리로만 알고 있던 깨달음이란 것도 허상에 불과했다.

자신의 공부가 부족하다고 느낀 원효는 신분을 숨긴 채 감천사라는 절로 들어가 나무하고 청소하는 부목살이를 시작했다. 이 절에는 방울 스님으로 불리는 키가 작고 볼품없는 꼽추스님이 있었다. 이 스님은 공양을 할 때도 늘 설거지가 끝난 뒤에 나타나 누룽지나 얻어 먹으면서도 희죽희죽 웃고 다녀 스님들 사이에서도 천대 받는 스님이었다. 원효는 그런 방울 스님이 불쌍해서 특별히 보살펴 주곤 했다.

그렇게 지내던 원효가 신분이 드러날까 염려되어 절을 떠날 때였다.

한밤중에 짐을 챙겨 조용히 문을 열고 막 나가려고 하는데, 문간방에 기거하고 있던 방울 스님이 얼굴을 빼꼼히 내밀고 말했다.

"원효, 잘 가게."

그리고는 방문을 탁 닫아 버렸다.

순간, 원효는 등골이 얼어붙은 듯 움직일 수가 없었다. 다른 스님들은 아무도 알아보지 못했지만 그만은 원효를 알아보았던 것이다. 방울 스님은 불쌍한 스님이 아니라 이미 혜안慧眼이 열린 선지식이었다. 그럼에도 하심下心하며 온갖 어려움을 참고 보살행을 한다고 했던 원효의 눈에 방울 스님은 보이지 않았던 것이다.

여기에서 원효는, "구제 받아야 할 중생들을 여기에 두고 어디 가서 중생을 구제하느냐."는 대안 스님의 질책을 다시 한 번 크게 깨닫게 된다. 구제 받아야 할 중생은 가난하고 못 배운 사람들이 아니라, 분별심에 사로잡힌 원효, 명성과 권위라는 헛된 상相에 사로잡혀 있는 원효 자신임을 다시 한 번 깨우친 것이다.

뒷날 파계破戒하여 요석공주와의 사이에서 설총을 낳은 원효는 스스로 '소성거사小性居士'라 칭하고 속인 행세를 했다. 술 마시고 노래 부르는가 하면 광대 복장을 하고 '무애가無碍歌'를 부르고 다니면서 거리낌없이 마을 사람들과 어울렸다. 그러면서도 각종 경전의 주소註疏를 짓고 강의를 하는 등 어떤 틀에도 구속되지 않고 걸림 없이 지냈다.

이 단계가 화작化作이며 사사무애법계이다.

물에 빠지지 않아야 된다가 아니고 그냥 물에 빠져서 조개를 줍는 것이다. 원효가 부목일 때는 부목 흉내를 내는 원효라는 자아自我가 있었지만, 지금은 부목이 되어 부목을 하는 것이니 원효를 찾을 수가 없다. 고기를 잡으면 어부가 되고, 농사를 지으면 농부가 되고, 소를 잡으면 백정이 되고, 술을 마시면 술꾼이 된다.

이를 불보살이 신비한 힘으로 여러 가지 모습으로 변하여 나타나는 화작이라 하며, 이것이 사사무애법계의 참 모습이다.

무애법계無礙法界

현대과학에서 처음으로 4차원四次元의 공간을 수학적으로 공식화한 사람이 민코프스키(Hermann Minkowski, 1864-1909)이다. 그는 "모든 존재는 시간과 공간을 떠났다. 시공이 융합하는 시대가 온다."며, 3차원의 물리공간에 시간을 결합시킨 4차원의 공간을 제시했다. '민코프스키의 공간'으로 일컬어지는 이 개념은 뒷날 아인슈타인의 상대성이론의 수학적 기초가 되었는데, 이를 불교적으로 본다면 화엄華嚴의 이사무애법계理事無礙法界에 준한다 할 수 있다.

반야심경般若心經으로 본다면 색즉시공色卽是空 공즉시색空卽是色이 4차원의 세계이다. 이사무애법계는 중생과 부처, 선善과 악惡의 도道를 이해하는 경지이다.

그러나 사사무애법계事事無礙法界의 견해가 얻어지면, "생사生死에 물들지 않고 거취去就가 자재自在하다." 하였다. 이렇게 어디에도 걸리지 않는 완전한 자유자재自由自在의 경지를 체득體得한 이를 참사람, 곧 무위진인無位眞人이라 한다. 여기에서 '위位'는 미혹迷惑한 현실을 뜻한다. 미혹을 벗어난 사람이 참사람이란 것으로, 완전한 견성見性을 말한다.

유마경 입불이법문품入不二法門品에서 설한 내용이 바로 저 수승한 법法에 들어가는 문이다. 유마거사는 '불이법문不二法門'을 통해 모든 존재가 둘이나 셋이 아닌 오직 하나임을 보여주었다. 이 일원론一元論에 따르면 나와 너, 달마達磨와 석가釋迦 모두가 본체本體에 있어서는 아무런 차이가 없고 다만 현상現相에서 차이가 날 뿐이다. 구체적으로 말하면 아상我相·인상人相·중생상衆生相·수자상壽者相을 떠난 경지에서 보면 천지우주天地宇宙 모두가 똑같은 하나라는 것이다.

멍에를 씌울 콧구멍 뚫을 곳이 없다 ● 무비공심無鼻空心

경허 스님이 계룡산 동학사에 머물 때였다. 동은이라는 사미승의 부친이 여러 해 동안 수행하여 스스로 깨침을 얻어 이처사李處士라 불렸는데, 하루는 동은의 스승 도일道一 스님이 이처사를 찾아 법담法談을 나누게 되었다.

이 자리에서 이처사가 말하길, "중노릇 잘못하면 마침내 소[牛]가 됩니다." 하니 도일 스님이 덧붙여 말했다.

"중에 되어 마음을 밝히지 못하고 시주施主만 받으면, 죽어서 반드시 소가 되어 그 시주의 은혜를 갚게 됩니다."

그러자 이 처사가 꾸짖어 말했다.

"사문의 대답이 그렇게 막혀서야 되겠습니까?"

"그럼 어떻게 해야 옳습니까?"

여아시위 우측위如我是爲 牛側爲

무천비공처無穿鼻孔處인가.

"어찌 소가 되어도 멍에를 씌울 콧구멍 뚫을 곳이 없다고 이르지 않습니까?"

도일 스님은 도무지 무슨 말인지 알 수가 없었다.

절로 돌아온 스님은 참선 수행 중인 경허 스님께 이처사와 나눈 법담을 전하며 그 뜻을 물었다. 그런데 그 말에 경허 스님이 언하言下 대오大悟하여 온갖 의심을 타파했으니, 이때의 감흥을 오도송에서 다음과 같이 읊었다.

홀문인어무비공忽聞人語無鼻孔

돈각삼천시아가頓覺三千是我家

유월연암산하로六月燕巖山下路

야인무사태평가野人無事太平歌

"홀연히 문득 소[牛]가 되어도 멍에를 매는 콧구멍 뚫을 구멍이 없다는 말에 삼천대천세계가 내 집 안이라는 것을 깨달으니, 유월 연암산 아랫길에 할 일 마친 사람이 태평가를 부르네."

참성품은 허공虛空 같아서 생사生死가 없으며, 동정動靜간에 티끌만한 한 법法도 붙을 수가 없는 우리의 본 고향이다. 허공 어디에 나의 자유를 구속할 멍에를 뚫을 구멍이 있겠는가?

덕산방德山棒 주금강

덕산(德山宣鑑, 782-865) 스님은 서촉西蜀에 거주하면서 30년 동안 금강경金剛經만 연구하여 주금강으로 불렸다. 그 무렵, 남방에서 교학教學을 무시하고 오직 마음만 깨치면[直指人心] 성불할 수 있다[見性成佛]고 주장하는 선종禪宗이 성행한다는 말을 듣고 분개하여, 금강경 주석서를 짊어지고 남방으로 오던 중이었다.

점심때가 되었는데 마침 길가에서 노파가 떡을 팔고 있었다. 덕산 스님이 떡을 사 먹으려 하니 노파가 물었다.

"스님 등에 지고 있는 것이 무엇입니까?"

"내가 평생 공부해서 쓴 금강경소초입니다."

"그렇다면 제가 한 가지 묻겠습니다. 대답해 주시면 떡을 그냥 드리겠지만, 대답을 못하시면 떡을 드릴 수 없습니다."

덕산 스님은 속으로 웃으며 "말씀해 보십시오." 했다.

그러자 노파가 물었다

"금강경에 과거심불가득過去心不可得 현재심불가득現在心不可得 미래심불가득未來心不可得이라고 했는데, 스님은 지금 어느 마음에 점點을 찍으려고 하십니까?"

순간, 덕산 스님은 얼어붙고 말았다.

떡을 먹는 찰나利那의 점심點心이라니. 천하의 주금강이라 불리는 덕산 스님이라 해도 노파의 언어와 문자를 벗어난 선지禪智에는 속수무책 당할 수밖에 없었다. 결국 덕산 스님은 떡은 먹지도 못한 채, "이 근방에 큰 스님이 어디에 계십니까?" 하고 묻지 않을 수 없었다.

그렇게 찾아간 곳이 용담(龍潭崇信, ?-850) 스님이 있는 용담선원龍潭禪院이었다. 하지만 덕산 스님의 아만은 여전하여 절에 이르자 한마디 하고 말았다.

"용담에 와서 보니 담潭도 없고, 용龍도 없구만!"

그러자 용담 스님이 답했다.

"자네가 진짜 용담에 왔네."

나의 못에 담겨있는 용은 죽은 용이 아닌 천지조화를 자유자재로 부릴 수 있는 살아있는 활용活龍이라는 말씀이었다. 하지만 덕산 스님은 그 뜻을 알 수 없었다.

그날 밤이었다.

용담 스님을 친견하고 객실로 가기 위해 방을 나설 때였다. 방문을 여니 캄캄해서 신발이 보이지 않았다. 용담 스님이 초에 불을 붙여 내주었다. 그러나 덕산 스님이 촛불을 들고 방을 나서는 순간. 용담 스님이 촛불을 확 꺼버렸다.

이에 덕산 스님은 홀연 깨달았다.

"너의 반야지혜 광명으로 찾아라!" 하는 순간 활연대오豁然大悟한 것이다.

용담 스님이 물었다.

"그대는 어떤 도리를 보았는가?"

덕산 스님이 답했다.

"오늘 이후로는 천하 노화상들의 말씀을 다시는 의심하지 않겠습니다."

다음날 덕산 스님은 금강경초소를 법당 앞에서 불사르며 외쳤다.

"아무리 오묘한 말을 하더라도 한 가닥의 털을 태허공에 두는 것과 같고, 세상의 중요한 것을 다 하더라도 한 방울의 물을 깊은 골짜기에 던지는 것과 같다."

훗날 덕산 스님은 몽둥이를 가르침의 방편으로 썼던 탓에 덕산방德山棒으로 불렸다.

조주 선사의 출가 인연

조주 스님이 10대에 출가하여 남전보원南泉普願 스님을 찾았을 때의 일이다. 남전 스님이 비스듬히 누운 채 물었다.

"어디서 왔느냐?"

"서상원瑞像院에서 왔습니다."

"그럼 훌륭한 상[부처님]은 이미 보았겠구나!"

"훌륭한 상은 모르겠으나 누워 계신 부처님[남전 스님]은 뵈옵니다."

그러자 남전 스님이 벌떡 일어나 앉으며 다시 물었다.

"네게 스승이 있느냐?"

"아직 일기가 차니 스승님께서는 법체 강녕하십시오."

이렇게 해서 제자가 된 조주는 남전 스님이 입적할 때까지 40년을 모셨다.

순치황제順治皇帝의 출가 인연

청나라의 3대 황제인 순치제順治帝는 일찍이 황위를 물려주고 24세에 천연두로 붕어했다는 설과, 총애하던 비妃의 죽음을 겪으며 만승천자의 부귀영화와 보위寶位를 헌신짝 같이 차버리고 대각大覺을 성취하기 위해 출가였다는 설이 있는 등, 범상치 않은 생애를 보낸 인물이다. 다음은 순치황제가 썼다고 전하는 출가게송出家偈頌의 한 부분이다.

백년삼만육천일百年三萬六千日
불급승가반일한不及僧家半日閒
회한당초일념차懷恨當初一念差

황포환각자가사黃袍換却紫袈裟

아본서방일납자我本西方一衲子

연하유락재왕가緣何流落宰王家라.

"백년 삼만육천일이 산문[僧家]의 한나절에 불과하거늘, 당초에 부질없는 한 순간의 잘못된 생각으로 가사장삼 벗어 버리고 곤룡포를 입게 되었네. 본래 서방의 걸식乞食하던 일개 납자衲子였는데, 어찌하여 만승천자로 타락하였는고?"

순치제는 6살에 등극하여 18년 동안 쉼 없이 싸워서 중원中原을 통일시킨 중국 역사상 최대의 제국을 건설한 영웅이다.

불가佛家에서는 그가 23세 되던 해에 출가出家한 것으로 전해진다.

그는 전생에 인도의 수도승이었다. 하지만 그 나라 왕이 폭정이 심하여 백성들이 시달리자, 선정 수행을 하던 중에 "내가 왕이었다면 백성을 위하여 왕도王道로써 정치할 것이거늘"하는 한 생각을 일으킨 인과因果로 중국의 황제가 된 것이라고 한다.

그의 전생은 다음과 같다.

노스님이 한 분 계셨는데, 덕德이 높고 수행이 깊어 늘 존경을 받고 있었다. 어느 날 한 상좌가 여쭈었다.

"노스님! 언제 옷 벗으시겠습니까?"

"뒷산 바위가 무너질 때 벗으마."

그러던 노스님이 하루는 상좌에게 지필묵을 가져오라 하여, 사람의 얼굴을 그린 후에 눈동자를 남겨두며 말했다.

"40년 후에 이 그림을 걸개로 하여 중원 천하를 돌아다니며 '자기 영靈을 찾으시오' 하고 소리를 치고 다니면, 내가 나타나 눈동자를 그려줄 것이다."

그리고는 목욕재계하고 의복을 단정히 한 채 좌탈입망座脫立亡 하니, 갑자기 뒷산의 바위가 무너져 내렸다.

그 뒤 40년이 지난 어느 날이었다.

순치황제가 중원 천하를 통일하고 지금의 자금성에 앉아 정사를 살피고 있을 때였다. 문득 외치는 소리가 들렸다.

"자기 영靈을 찾으시오!"

소리 지른 사람을 찾으니 스님이었다. 스님은 걸개그림을 들고 있었는데 눈동자가 없었다. 이를 본 황제가 붓을 들어 눈동자를 그려 넣었다.

"40년 만에 스승님을 뵙게 되었습니다."

그러자 스님이 큰절을 올리며 그 연유를 들려주었다.

홀연히 자기의 전생을 깨달은 순치황제는 그 길로 곤룡포를 벗어 던지고 오대산으로 들어갔다.

위 게송은 그때 남긴 출가송出家頌이다.

음관수월흡觀水月 선사

수월(水月, 1855-1928) 스님은 혜월慧月 · 만공滿空 스님과 함께 경허 스님의 삼월三月로 불리는 제자 가운데 맏이 스님이다. 경허 스님은 이들 세 분 제자에 대해, "만공은 복이 많아 대중을 많이 거느릴 것이고, 정진력은 수월을 능가할 자가 없고, 지혜는 혜월을 당할 자가 없다."는 평을 남겼다고 전한다.

수월 스님은 1855년 충남 홍성에서 태어났다. 일찍이 부모님을 여의고 남의 집 머슴살이를 하다가 29세 되던 해, 경허 스님의 친형인 서산 천장암 주지 태허성원太虛性圓 스님을 은사로 출가하였다. 행자 시절, 글을 배우지 못한 스님은 머리까지 둔하자 성원 스님도 공부 시키는 것을 포기하고 땔나무를 해 오는 부목負木과 공양주를 맡겨 절일을 돕게 했다.

그렇게 3년여가 지난 어느 날이었다. 불공에 올릴 마지를 지어 법당으로 갔는 데, 부전 스님이 천수다라니를 송하고 있었다. 그런데 아무리 들어도 잊어버리기만 했던 다라니가 그날은 단번에 외워지는 것이었다. 그날 이후 스님은 나무를 하거나 밥을 지을 때나 일심으로 천수다라니만을 암송하였다.

하루는 성원 스님이 밖에서 일을 보고 절에 들어오는 길이었다. 물레방앗간 앞을 지나는데 물레방아에 물이 세차게 떨어지고 있건만 방앗공이 소리가 들리지 않았다. 가까이 다가가서 보니 수월 스님이 방아통 속에 머리를 박은 채 잠들어 있었다. 깜짝 놀라 스님을 끌어내자, 방앗공이는 그때서야 다시 방아를 찧기 시작했다. 이런 신기한 일을 목격한 성원 스님은 그 후 스님에게 사미계를 주었다.

그해 어느 날이었다. 성원 스님이 불공을 드리며 마지 오기를 기다렸지만 아무리 기다려도 마지가 오지 않았다. 이상하다 싶어 공양간에 가보니 밥 타는 냄새가 진동하는 데, 수월 스님은 442자 대비주를 외우면서 계속 아궁이에 장작만 넣고 있었다. 다라니삼매에 든 것이었다. 이를 본 성원 스님이, "오늘부터는 나무하고 밥 짓는 일을 하지 말고 방을 하나 줄 터이니 마음껏 대비주 기도를 해보라." 하니, 수월 스님은 가마니 한 장을 가져다가 방문을 막아 빛이 못 들어오게 해놓고 밤낮을 잊고 대비주 독송을 그치지 않았다. 그렇게 일주일이 되는 날이었다.

"스님, 잠을 쫓아냈습니다!"

문밖으로 뛰쳐나온 스님이 춤까지 추면서 외쳤다.

그날 밤, 천장암 아랫마을 사람들은 천장암 근처에서 붉은 불기둥이 일어나 환히 밝히는 것을 목격했다고 한다. 수월 스님의 몸에서 나오는 방광放光이었다.

이때 수월 스님은 천수삼매千手三昧를 이루어 무명無明을 타파하고 깨달음을 얻었을 뿐 아니라, 한번 들으면 잊어버리지 않는 불망염지不忘念智를 증득했다고 한다. 이전까지는 글을 몰라서 경전을 읽지 못하고 신도들의 축원도 못했지만, 이후부터는 어떤 경전을 놓고 뜻을 물어봐도 막힘이 없었으며 수백 명 축원자들의 이름도 한번 들으면 다 외웠다고 한다. 또 않는 사람의 병을 고쳐주는 신통神通도 얻었다. 1986년 지리산 천은사 선원 상전암의 토굴 우번대에서 정진할 때에도 자주 방광하였는데, 지금도 마을 이름이 방광리라 불리고 있다. 그 후로도 스님은 수많은 방광放光과 이적異蹟으로 자비행적慈悲行蹟을 보이셨다.

스님은 금강산 유점사 마하연선원 조실로 10년간 납자衲子들을 제접한 것을 비롯해 오대산 상원사, 순천 정해사, 황악산 직지사, 지리산 천은사 상선암, 화엄사, 쌍계사 칠불암 등에서 유행교화流行敎化했으며, 스승 경허 스님의 발자취를 따라 묘향산 중비로암, 천마산 사복사, 회령 백천사, 만월산 월명사 등에서 보림과 교화의 행각을 계속하였다.

그러나 국운國運이 날로 쇠퇴衰退하여 일제日帝의 침략수탈侵略收奪이 극極에 달하고 살길을 찾아 만주로 도피逃避하는 백성들의 행렬이 이어지자, 1912년 스님도 야인野人의 모습으로 두만강을 건너 간도間島로 들어갔다. 스님은 백두산 기슭에 있는 도문시 회막동에서 3년 동안 소먹이 일꾼 노릇을 했다. 받는 품삯으로는 밤을 새워 짚신을 삼고 낮에는 소를 치는 짬짬이 솥에 밥을 지어 주먹밥을 만들었다. 그리하여 일제를 피해 간도로 건너오는 헐벗은 동포들을 위해 길가 바위에 주먹밥을 쌓아 놓고 나뭇가지에 짚신을 매달아 놓아 가져가도록 했다.

1915년 스님은 회막동을 떠나 러시아 국경 지역의 흑룡강성 수분하綏芬河로 들어갔다. 이곳에는 관음사라는 작은 절이 있었는데, 스님은 신분을 감추고 보림保任 수행에 들었다. 그런데 성질이 포악한 젊은 스님의 행패가 심해 많은 고초를 겪어야 했다. 하지만 6년 동안을 지내면서 한 번도 싫은 내색을 드러내지 않았다고 한다. 스님은 그때 우연히 머물게 된 독립군에게 당시의 일을 이렇게 술회하기도 했다.

"그 스님이 내게 무신 행패를 부리고 욕지거리를 퍼부어도 나는 한순간도 성내는 마음이 일지 않았어. 나는 그런 내 보림保任 생활이 참으로 기쁘고 즐거웠던겨. 그러니 그 젊은 스님이 내게 더없이 소중한 스승이었단 말여. … 열심히 수행혀. 오직 이 마음 하나 비우면 그만인겨. 세상에서 마음 비우는 일보다 더 어려운 게 없어. 또 참는 일보다 더 어려운 일도 없고. … 자네는 뒷날 꼭 중이 되고 말겨, 중이 되더라도 딴생각하지 말고 아는 척하지 말고 어리석게 열심히 공부만 혀. 공부는 보림이 중요한 법이여."

위 말을 전한 독립군은 물론 뒷날 스님이 되었다.

1921년 봄, 스님은 두만강 근처의 왕청현 나자구羅子溝에 들어가 동포들이 지어준 송림산 화엄사華嚴寺라는 작은 절에서 여생을 보냈다. 이곳에서도 스님은 날이 밝으면 종일 들이나 산에 나가 늘 말없이 일만 했다. 여전히 아픈 사람들을 고쳐주었고 산이나 들에서 일하는 사람들에게 손수 밥을 지어 날라 주었다. 여유롭게 있을 때면 산짐승, 날짐승과 어울렸는데 때때로 호랑이가 놀다 가기도 했다고 한다.

스님이 화엄사에 머무는 동안 국내 스님들의 발길도 끊이지 않았다. 금오·효봉·청담 등 많은 선지식들이 목숨을 걸고 험난한 길을 찾아왔다. 청담 스님도 3개월 정도를 스님과 함께 지내다가 돌아왔는데 이때의 일을 다음과 같이 전했다.

조선으로 돌아가라는 스님의 말씀을 거역할 수 없어서 하직인사를 드릴 때였다.

마지막 절을 올리자, 곳간에서 괭이를 가져오라고 했다. 청담 스님이 괭이를 가져오자 괭이를 받아 든 수월 스님은 두 말도 않고 절마당에 박혀 있는 돌멩이를 확 쳐내 버리더니, 뒤도 안 돌아보고 들판으로 나갔다.

이렇게 수월 스님을 작별한 청담 스님은 그 뒤 이것을 화두話頭로 삼아 수행했다고 하니, 깨친 도인만이 보여 줄 수 있는 무언無言의 사자후獅子吼라 할 것이다.

스님은 1928년 7월 16일, 하안거를 마친 다음날 세수 74세 법랍 45세로 열반에 들었다. 절 뒤편 송림산 계곡물에 깨끗이 몸을 씻은 스님은 새로 삼은 짚신을 머리에 올려놓은 채 바위 위에서 알몸으로 좌탈입망 하였다. 동국대학교 도서관에 소장된 당시에 발간된 불교잡지(불교 제55호)에 의하면 화장 시 주야로 7일간 방광하였으며 산짐승과 날짐승이 떼를 지어 울었다고 전해지고 있다.

구전으로 전해지는 수월 선사의 법문

사람 몸 받았을 때 성불하라! 도를 닦는다는 것이 무엇인고 하니, 마음을 모으는 거여. 별것 아녀. 이리 모으나 저리 모으나 무엇을 해서든지 마음만 모으면 그만인겨. 나는 순전히 천수대비주로 달통한 사람이여. 주문을 외든지, '하늘 천 따 지'를 하든지 마음만 모으면 되는겨.

옛 세상에는 참선을 해서 깨친 도인들이 많았는디 요즘에는 참 드물어. 까닭이 무엇이여?

옛날 스님들은 스스로 도를 통하지 못했으면 누가 와서 화두 참선을 물으면 '나는 모른다'며 끝까지 가르쳐 주들 않았어. 깨친 도인만이 전생에 공부하던 화두를 찾아 바로 알려 주시거든. 한 생각으로 마음을 몰아붙여 오로지 한길로만 애쓰다가 도를 통하기도 했어, 염불을 열심히 하여야 할 사람이 딴 공부를 하니 잘 안되는겨.

또 '한 집안에 천자 네 명 나는 것보다 도를 깨친 참스님 한 명 나는 게 낫다.' 만일 중이 되어 도를 통할 것 같으면, 그 공덕으로 모든 조상 영령들과 시방삼세의 중생들이 다 이 고득락離苦得樂 할 것이니, 이 얼마나 좋으냐 말여. 참으로 사람 되기가 어렵고 천상천하에 그 광명이 넘치는 불법 만나기가 어려운데 말이지.

사람 몸 받아 가지고도 참나를 알지 못하고 참나를 깨치지 못하면 이보다 더 큰 죄가 어디 있을겨. 부처님께서도 '나도 너를 못 건져준다. 니가 니 몸 건져야 한다.' 하셨어. 이렇게 사람 몸 받고도 공부를 이루지 못하고 그냥 죽어봐라. 다 쓸데없다.

경허 선사와의 선문답

경허 스님은 1910년경 함경도에서 갑자기 자취를 감추어 버렸다. 스승의 행방을 애타게 찾아다니던 수월 스님은 갑산군 도하리에서 박난주라는 이름으로 신분을 감춘 채 서당 훈장 노릇을 하던 스승을 찾았다.

"스님!"

"누구요?"

"수월입니다."

"나는 그런 사람 모르오."

경허 스님은 끝내 문을 열지 않았다. 수월 스님은 정성껏 삼은 짚신을 댓돌에 올려 놓고 스승을 작별했다. 사제師弟로서 말 없는 말로 보은報恩하고 스승의 곁을 떠난 것이다. 그리고 2년 뒤인 1912년 3월 25일, 경허 스님은 박난주라는 속명으로 열반에 들었다.

만공 선사와의 선문답

수월 스님이 천장암에서 수행할 때의 일이다.

만공 스님과 함께 공양을 하던 중 스님이 갑자기 숭늉이 들어있는 물그릇을 들어 보이며 만공 스님에게 물었다.

"여보게 만공. 이 숭늉그릇을 숭늉그릇이라 하지도 말고, 숭늉그릇이 아니라 하지도 말고 한마디로 똑바로 일러 보시오."

그러자 만공 스님이 숭늉그릇을 받아들더니 방문을 열어젖히고 문밖으로 던져 버린 후 묵묵히 앉았다.

"참 잘하였소."

스님은 손뼉까지 치며 좋아했다.

❀ 음관수월 선사의 손상좌 도천道川 선사

도천(道川, 1910-2011) 스님은 15세에 내금강 마하연에서 수월 대선지식의 상좌인 신묵언 큰스님을 은사로 출가하여, 10여년간 마하연에서 도광(導光, ?-1984) 스님과 함께 수행 정진했다.

그 후 두 분은 내금강 표훈사로 내려와 수행하면서, 함께 서원하기를 성불할 때까지 수행도반으로 탁마 정진할 것을 맹세했다. 또 서로 상좌를 구분하지 않고 일불제자로 차별 없이 교육하고 지도하였다. 지금도 구례 화엄사에는, 1952년 전남 담양 보광사에서 도천 스님을 은사로 출가한 명선 스님(현 대한불교조계종 명예원로의원 · 화엄사 조실 · 여수 흥국사 주지)께서 '화엄문도회'를 이끌며 두 분의 가르침을 잇고 있다.

한편 두 스님은 서울 매각사를 거쳐 부산 범어사 동산 큰 스님 회상에서 정진했는데, 1942년 도광 스님이 부친인 김우와 거사님의 요청으로 황매산 보광사를 중건하자 도천 스님도 함께 불사에 참여하여 선원을 개설하고, 전강 큰스님을 조실로 모셨다. 보광사 선원은 이후 화엄사 중진 스님들을 다수 배출하며 화엄문도회의 산실이 되었다. 1954년 동산, 효봉, 청담, 금오 스님 등과 더불어 종단 정화불사에 동참한 스님은 1962년, 제방선원을 거쳐 대둔산 태고사에 주석하면서 6.25사변으로 인하여 전소된 태고사 대웅전 외 10여 동의 건물을 중건하였다. 또 1969년 도광 스님이 지리산 화엄사 주지로 부임하자 도광 스님을 도와 퇴사 일로에 있는 화엄사 가람을 중건 복원하고 정화불사의 3대 목표인 교육, 포교, 역경불사에 전력을 다했다.

뒷날 제19교구 본사 화엄사 조실로 있으면서 도제 양성에 진력한 도천 스님은 2011년 대둔산 태고사에서 법랍 83년, 세수 101세로 원적에 드셨다.

도천 스님은 태고사의 대 중창주로서 평생 불사를 하시며 주야로 몸소 직접 지게질을 하시는 등 사부대중에게 모범을 보여 후세에 큰 귀감이 되셨으니, 수월 대선지식의 가르침을 그대로 행하신 분이었다.

법륜法輪을 굴려라

화엄경에서 이르시길,

비여암중보譬如暗中寶 무등불가견無燈不可見
불법무인설佛法無人說 수혜막능료雖慧莫能了라.

"등불이 없으면 어둠 속에 보배를 볼 수 없고, (불법이 아무리 심오深奧한 진리를 담고 있다 하더라도) 전법傳法해 주는 사람이 없다면 지혜가 있다 한들 어찌 불도佛道를 이루겠는가?"

또 금강경은 지경공덕분에서 이르시길,

"어떤 선남자 선여인이 아침, 점심, 또한 저녁 때에도 항하사 모래 수와 같은 많은 목숨을 바쳐 보시布施하며, 이와 같이 한량없는 백천만억 겁을 보시하더라도, 만일 어떤 사람이 이 경전을 듣고 진심으로 거슬리지 아니하면 그 복福이 저보다 수승하리니, 어찌 하물며 금강경의 사구게 한 구절이라도 남을 위해 해설해 줌이겠느냐." 하셨다.

경에서도 저렇게 말씀하셨거늘, 하물며 최상승最上乘 근기根機만이 수행할 수 있는 심법心法인 활구 참선법 이뭣고를 재가불자들에게 전법傳法하는 것이야말로 무엇과 비교할 수 있겠는가?

대론大論에 이르기를,

가사정대경진겁假使頂戴經塵劫
신위상좌변삼천身爲床座徧三千
약불전법도중생若不傳法度衆生
필경무능보은자畢竟無能報恩者라.

"부처님 경전을 머리에 이고 수억 겁을 돌고, 몸으로 평상과 의자를 만들어 삼천세계에 두루 펼쳐 놓아도, (중생을 편히 쉬게 하는 공덕功德이 하늘을 덮을 수 있으나) 부처님 가르침을 전하여 중생을 건지지 않으면 필경에는 부처님의 은혜를 갚지 못한 것이 된다."

불제자로서 제일의 요체要諦는 부처님의 가르침法을 널리 펴 그 은혜恩惠에 보답報答하는 것이다.

그렇다면 오늘날의 불제자는 어찌해야 하는가?

승속僧俗을 막론하고 지식의 높고 낮음이나 남녀노소를 떠나 누구라 하더라도 일상생활 속에서 이뭣고를 수행한다면 그를 일러 참불자라 할 수 있다. 21세기의 가장 바람직한 법륜法輪이 이뭣고인 것이다.

백척간두진일보百尺竿頭進一步

　서양에서는 영적세계와 합일合一된 정신세계를 말할 때 흔히 엑스터시ecstasy란 용어를 즐겨 쓴다. 엑스터시란 정신적, 육체적으로 속박束縛하는 고통에서 빠져나와 의식의 정화를 이룬 상태를 말한다. 그것은 마치 백 척이나 되는 높은 절벽에서 한 발을 내디딤으로써 욕망과 아집을 벗어던지고 진정한 '나'를 찾는 수행자의 내면과 다를 바 없다.

　일본에는 '고이'라는 물고기의 신화神話가 있다.

　잉어과의 이 물고기는 도도하게 흐르는 이 강물이 어디서 출발했는지 알고 싶었다. 고이는 강물을 역逆으로 거슬러 올라 끝까지 가 보기로 결심했다. 어찌 보면 목숨을 건 불가능한 도전挑戰이었다.

　강을 오르는 동안 거센 물결에 휩쓸려 뾰쪽한 돌에 부딪혀 피가 나고, 때론 포식 물고기의 공격을 받기도 했다. 다른 물고기들처럼 흘러가는 강물에 몸을 맡긴 채 쉬고 쉽기도 했지만 고이는 포기할 수 없었다. 오직 강물의 원천源泉을 향하여 매 순간을 집중해 드센 물결을 헤치며 사투死鬪를 계속했다.

　상류로 올라갈수록 물살은 더욱 거세졌다. 마침내 고이의 체력도 완전히 고갈되었다. 그때 거대한 폭포수가 고이의 눈앞을 가로막는다. 끝이 보이지 않는 폭포 앞에서 고이는 좌절하고 만다. 하지만 여기에서 고이는 불가능한 기적을 연출

해낸다.

'내가 비록 물고기이지만, 내 지느러미와 꼬리를 날개로 만든다면 단숨에 폭포 위로 날아갈 수 있지 않을까?'

고이는 확신을 갖고 폭포 위로 뛰어올랐다. 그 순간, 고이는 한 마리의 용龍이 되어 아련하게 사라지는 폭포수를 바라보며 훨훨 하늘을 나는 자신을 발견한다.

강물의 속박으로부터 벗어나 하늘을 나는 고이, 마침내 고이의 신념이 성취된 것이다.

백척간두진일보百尺竿頭進一步
시방세계현전신十方世界現全身이라.

"백 척이나 되는 장대 끝에 올라갔으면 이뭣고로 한 걸음 더 나아가라. 그러면 그 자리가 발걸음 떼지 않고 이르는 본 고향인 것이다."

고이의 믿음이 용으로의 변신을 이루어 주었듯이, 이뭣고는 우리의 정신과 우주의 무한한 지혜智慧를 연결해 주는 가교이다. 이뭣고는 인간 정신의 비옥한 정원이자 과학으로 설명할 수 없는 신비의 근원이며, 평범한 사고의 에너지를 영靈적 수준으로 변화시키는 원동력이다.

원력願力과 신념信念의 이뭇고

신념은 평범한 사고의 에너지를 영적靈的 수준으로 변화시키는 불가사의한 힘을 준다. 우주의 무한한 진리眞理와 하나 되는 유일한 통로가 신념인 것이다.

토머스 에디슨의 만 번의 실패

토머스 에디슨Thomas Alva Edison은 초등학교 입학 석 달 만에 퇴학 처분을 받았다. 너무 산만해서 수업을 받을 수 없다는 게 퇴학의 사유였다. 그 후 그는 신문을 팔거나 허드렛일을 하면서도 잡동사니 기계나 화학약품 속에 파묻혀 지냈다. 문제아 같은 에디슨을 믿어준 사람은 단 한 명 어머니뿐이었다.

"나 자신이 어머니에게 가치 있는 인간임을 알고 그 신뢰가 틀림없다는 것을 보이기로 결심했다."

그의 회상처럼 에디슨은 자신에 대한 어머니의 신뢰만큼 그 자신의 신념을 신뢰했다. 에디슨은 실용적인 백열등을 완성할 수 있다고 굳게 믿었고 그 믿음은 새로운 영감을 불러왔다. 발명에 대한 꿈과 믿음이 내면에서 우러나오는 신비로운 힘과 우주의 지혜를 결합시켜 만 번 이상의 실험에도 지치지 않는 원동력이 된 것이다.

뒷날 한 젊은 기자가 그에게 물었다.

"그토록 수없이 실패했을 때의 기분은 어떠했습니까?"

"실패라니요? 저는 한 번도 실패한 적이 없습니다. 난 단지 그 만 번 이상의 단계를 거쳐 전구를 발명했을 뿐입니다."

왼쪽 팔을 잃고 서핑대회 챔피언이 되다

해밀턴Bethany Meilani Hamilton이라는 미국 소녀가 있다. 서핑을 하다 상어의 공격으로 왼쪽 팔을 잃은 소녀였다. 그런데 팔을 잃은 지 70일 만에 하와이에서 열린 학생서핑대회 NSSA 여자부에서 5위에 오르는 기적을 연출했다. 뿐만 아니라 3년 후인 2005년 12월에는 대망의 챔피언에 올랐다. 상상하기 힘든 불꽃 투혼을 발휘한 것이다.

서핑은 몸의 균형을 잡아야 하는 경기이기 때문에 밀려오는 파도를 한 팔로 지탱하기란 거의 불가능하다. 하지만 해밀턴은 불굴의 투혼으로 이를 극복했다. 소녀는 말했다.

"솔직히 거친 파도가 덮칠 때마다 겁이 났습니다. 나의 신념이 그 두려움을 누를 뿐이지요."

이렇듯 신념은 모든 두려움을 이겨내는 비장의 무기이다. 하지만 대부분의 사람들은 실패를 과정으로 승화시키지 못한다. 더러는 실패를 실패로 끝내고 좌절 속으로 빠져들기도 하는 데, 이는 불자들도 다를 바 없다. 금생성불의 원력을 세워 수행하는 불자들 중에서도 우울증이나 정신질환으로 고통받는 이들을 종종 볼 수 있다.

그때마다 그들에게 말한다.

"병에서 벗어나겠다는 강한 원력願力을 세우고 하루에 일심一心으로 2만 번 이상 오매일여가 되도록 화두 이뭣고를 해보세요."

그리고 이 권고를 받아들인 많은 이들이 병마를 이겨내곤 했다.

신념信念은 창조創造의 원동력이다

156cm의 키를 가진 작은 거인 신지애 골퍼가 2009년 11월 어느 기자와의 인터뷰에서 밝힌 내용이다.

신지애 선수의 아버지는 그녀에게 하루에 드라이버 스윙 1,000회, 폐타이어 치기 400회, 운동장 20바퀴를 돈 다음 퍼팅을 7시간씩 시켰다고 한다. 그런 혹독한 훈련에도 그녀는 한 번도 짜증을 내 본 일이 없고, 오히려 어떤 연습은 본인이 원해서 더하기도 했다고 한다.

기자가 물었다.

"골퍼의 체격 조건으로는 결코 좋은 조건은 아니지요?"

"나쁜 조건도 아니에요. 제가 자신을 낮추면 낮아질 수밖에 없어요. 내 자신부터 높아질 수 있다고 생각해야 탈출하지요."

긍정적인 마인드가 오늘의 신지애 선수를 탄생시킨 원동력이었던 것이다.

그녀는 중학교 3학년 때인 2003년 엄마를 교통사고로 잃었다. 그 일을 겪으며 사람은 죽음을 피할 수 없고 기왕에 한정된 삶을 살아야 한다면 좀 더 완성도 있는 삶을 위한 계획을 세워야 한다는 것을 알았다고 한다. 엄마의 죽음이 허무하기도 했지만, 나중에 돌이켜봐서 지금 하는 행위가 허무한 것이 되지 않도록 열심히 살겠다고 결심했던 것이다.

"그때 아빠가 방바닥에 통장을 툭 던지며, '이게 엄마 죽음에 대한 보험금이다. 이 돈을 훈련경비로 쓰자.'고 했죠. 빚을 제하고 남은 1,700만 원이었어요. 그때 내 마음속에는 가족을 일으켜 세우겠다는 일념一念 뿐이었죠. 골프는 멘탈(정신)게임인데 엄마가 돌아가시고 제가 강한 멘탈을 갖게 된 거죠. 그 다음해부터 시합성적도 좋았고요."

"골프채를 잡은 뒤로 후회한 적은 없나요?"

"그런 건 없어요. 골프는 저를 만들어 줬어요. 골프하기 전에는 소극적이고 내성적이었지만 그나마 즐기고 긍정적이 된 것은 골프를 하면서 그렇게 됐죠. 골프를 통해 많은 것을 얻고 있거든요."

"마지막 라운드에서 대담한 역전승을 많이 해서 파이널 퀸Final queen이라는 별명도 붙었지요? 한 샷에 모든 것이 걸렸다면 누구든 흔들릴 것입니다. 그런 것을 어떻게 극복할 수 있나요?"

"저도 흔들려요. 안 흔들리면 이상하죠. 흔들리는 이유는 내가 우승에 가깝게 와 있기 때문이죠. 그런 기회가 왔으니 흔들리는 것이지 우승과 상관없다면 안 흔들리죠. 이럴 때 내가 마인드 컨트롤을 한다고들 하는 데 … 사실 저는 조절하는 것이 아니라 마음의 기본 바탕에 있어요. 떨리는 상황일 수밖에 없다는 것을 편하게 받아들인다는 뜻이죠."

초조함과 불안한 마음을 억지로 떨쳐내려 애쓰지 않고 무심無心한 상태에서 퍼팅을 했다는 것이다. 달리 말하면 불안이 올라오는 한 생각의 뿌리를 이뭣고에 두고 집착을 벗어버린 무아無我가 된 것이다.

사즉생死卽生 생즉사生卽死라.
"죽기를 각오하고 싸우면 살 것이요, 살기를 도모하면 죽을 것이다."

김제범 선수는 2012년 런던올림픽에서 유도 81kg 부분 금메달을 목에 걸었다. 그는 시합 도중 왼팔과 다리에 부상을 입어 당장 수술을 받아야 할 정도로 만신창이가 되었다. 특히 왼쪽 어깨는 함몰되어 골절이 된 상태였다.
김제범 선수의 우승 후 인터뷰이다.
"지난 번 올림픽에서는 죽기 살기로 했더니 금메달 도전에 실패했는데, 이번에는 죽기로 했더니 금메달을 목에 걸게 되었다."

태릉선수촌에서 견뎌 낸 초인적인 혹독한 훈련과 '하면 된다'는 강한 신념이 올림픽 금메달이라는 피땀의 열매를 맺은 것이다.

용역가중배用力加重倍 사력십중배死力十重倍라.
"평소보다 힘을 쓰면 몇 배의 힘이 가중되고, 죽을힘을 다하면 열 배 이상의 괴력이 생긴다."고 하였다.

2012년 국내의 한 일간지에 미국인 조지 데너히의 기사가 실렸다. 데너히는 양팔이 없이 태어났지만 발을 이용해 기타를 치는 법을 배웠다. 그리고 그해 6월 2일 버지니아주 애시랜드 딸기축제에서 발로 기타를 치며 노래를 불렀는데, 데너히의 연주와 노래를 담은 동영상이 유튜브에 공개되어 많은 감동을 주었다.
데너히가 말했다.
"사람은 누구나 목적을 가지고 태어난다. 우리는 모두 삶의 이유를 갖고 있다. 해야 한다고 생각하는 일들을 하면서 주저하지 마라. 나는 팔이 없이도 하고 싶은 일을 하기 위해 분투하고 있다는 점을 사람들이 평가해 주었으면 한다."

솔개의 비상
솔개는 70년을 사는 조류이지만 40살이 되면 부리가 부러지고 날개가 무거워져서 더 이상 날지 못하게 된다고 한다.

이때 날기를 포기하고 지내다가 생을 마감하는 녀석도 있지만, 대다수의 솔개들은 고통스러운 갱생 과정에 들어간다. 산 정상 부근으로 가서 자리를 잡은 솔개는 바위를 쪼아 가슴까지 닿을 정도로 길게 구부러진 낡은 부리를 빼어 버린다. 그 뒤 새로 나온 부리로 발톱과 깃털을 하나씩 뽑아내어 새로운 솔개로 태어난다. 장장 6개월의 긴 시간이 걸리는 혹독한 고통의 여정이다. 이를 이겨낸 솔개만이 다시 힘차게 하늘로 날아올라 남은 30년의 생을 이어갈 수 있는 것이다.

비록 날짐승이지만 이 얼마나 경이로운가.

병상에 누워 의사의 지시를 받게 되면 그때는 늦은 것이다.

108배 효과

보원사普願寺 법인국사보승탑비法印國師寶乘塔碑에 이르기를,

심위신주心爲身主 신작심사身作心師라.
"마음은 몸의 주인이고, 몸은 마음의 스승이라."

평소에 몸과 마음이 하나가 되기 위해서는 꾸준한 자기 노력이 따라야 한다. 몸이 마음을 따라주지 않으면 이미 늦은 것이다.

절은 그 움직임 하나하나에 대 우주의 법이 깃들어 있어서 몸과 마음 양면에 심원한 효과를 유도해 낸다. 절을 가리켜

'요가의 압축판'이라 하는 것도 그 때문이다. 세계적으로 유명한 요가 연구가 젠스휴이트에 따르면 '절'의 포즈 하나하나는 요가 정수들의 집합이고 기본이 되는 내용이라고 한다. 인체과학을 연구하는 학자들에 따르면, 절이 현대인들의 인체 가운데 잠재해 있는 '인체 정전기' 방출에 탁월한 효능이 있으며, 특히 각종 성인병 예방에 특효를 보인다고 한다. TV와 비교한다면 TV 내 정전기를 빠른 시간 내에 밖으로 뽑아내기 위하여 '접지'를 하는 데, 우리 인체에서는 발바닥이 접지의 역할을 한다. 현대인들은 운동량이 부족한 탓에 내장에 정전기가 차고 그 결과 내장의 열이 높아져서 각종 질병을 초래하는 데, 이때 절을 하면 가장 짧은 시간 내에 내장 전기를 완벽하게 몸 밖으로 뽑아낼 수 있다는 게 인체공학 연구자들의 말이다.

뿐만 아니라,

좌우수합중左右手合中 음양상생陰陽相生
정기합의精氣合義 신명일통야神明一統也라.
"좌우 손을 합장하게 되면 음과 양의 기운이 서로 생겨나, 정기가 통하여 몸과 마음이 하나가 된다."고 하였다.

이마를 땅에 대면 6천억 개의 두뇌 세포에 축적된 두뇌정전기가 거대한 지자기에 흡수되어 머리가 상쾌해 지며, 손바닥을 땅에 대면 지기를 흡수하고 정전기가 방출되는 효과를 얻을 수 있다.

108배는 기혈 순환을 원활하게 하는 경락운동으로 침이나 뜸보다 효과가 크다고 한다. 무릎을 굽힐 때는 엄지발가락의 대돈혈大敦穴 등 발가락의 경락 전체가 자극되어 오장 육부가 마사지가 되는 등 내장 강화 및 두뇌 건강에도 탁월한 효과가 있다. 무릎을 꿇고 펴는 운동을 하면 발에 흐르는 경락의 흐름을 자극하고 용천혈과 은백혈 등 좌우 361개의 혈 자리를 구석구석 자극하며 혈압과 혈당까지 내려가게 하는 효과가 있다.

이렇듯 절은 흐트러진 기운을 바로잡고 호흡과 마음을 다스리기에, 머리 온도가 내려가고 발의 온도가 올라가 화禍, 분노憤怒 등의 스트레스가 사라진다. 또 몸의 탄력성을 증장시켜 두뇌 회전을 빠르게 하는 효과를 가져온다.

긍정의 치유 효과

살면서 경험하는 모든 일과 지나간 순간들은 바로 '지금'을 위한 준비 과정이다. 불교인은 자신이 새로운 운명을 만들 수 있는 창조자이고 우주의 지혜를 활용할 수 있는 주인공임을 믿어야 한다. 무엇이든 원하는 것은 성취할 수 있다는 신념으로 가득하면 꼭 손에 쥐게 되어 있다.

비슷한 것끼리 서로 끌어당기게 되는 원리를 자기磁氣 법칙이라 한다. 금은 금끼리, 깡통은 깡통끼리…. 인체人體의 자기장磁氣場 또한 긍정적인 것과 부정적인 생각을 염파念波의 지시에 따라 끌어당기게 되어 있다. 따라서 인간의 염력念力은 우주의 에너지를 마음껏 활용할 수 있는 힘이 원천으로 작용한다. 무엇인가 부족하다는 느낌, 질투나 원망 등의 부정적인 생각은 그대로 우주의 부정적 에너지를 끌어와 현실화시켜 버린다. 실질적인 효과가 없는 가짜 약을 명약이라고 속이고 환자에게 투여했을 때 진짜 약과 동일한 플라시보 효과가 나타나는 것과 같은 이치이다.

그만큼 인간의 마음 자세는 질병의 치료에 큰 영향을 미친다. 현대 질병은 거의 70-80%가 스트레스를 원인으로 하며, 스트레스는 이미 채워진 것들에 만족하지 못하는 지나친 욕심에서 비롯한다. 더 가지려 앞만 보고 달려가는 사람에게 사랑이나 감사하는 마음이 자리잡을 공간은 없다. 오히려 못 가진 것에 대한 부정적인 생각만 늘려 자신의 몸 안에 치유하기 어려운 독소를 집어넣는 것이다.

부처님은 찰나刹那(시공을 초월한 자리)가 생사 없는 해탈의 본래 마음자리인 공적영지空寂靈知라 했다. 그러한 본래 마음자리에서는 부정적인 생각이 일어날 수 없다. 언제나 자신 있고 건전한 생각만이 솟을 뿐이다. 이렇게 되면 체내에서는 어떤 병균도 살아남을 수 없다.

그러나 불안한 생각, 부정적인 생각으로 가득하다면 아무리 값비싼 보약을 복용한다 해도 인간의 몸은 건강을 유지할 수 없다. 인체를 이루고 있는 60조의 체세포 역시 이 마음으로부터 각자의 역할과 소임을 따라 나왔으나, 주인공의 관리 잘못으로 병균으로 변형되기도 하는 것이다.

"사람은 자신이 생각하는 대로 된다."고 했다. 이것이 우주법칙이다.

"나는 왜 이렇게 매일 몸이 무겁고 피곤한지 모르겠어."
"나는 뚱뚱해."
"나는 늙었어."
"나는 왜 이렇게 재수가 없어."
"나는 가난해."

이처럼 부정적인 되새김이 나온 자리를 이뭣고로 되돌려 놓고 새로운 마음을 가져 보자.

"나는 활력이 넘치고 건강해."
"나는 행운아이고 부자야."
"나는 행복하고 언제나 즐거워."

찰나의 생각들을 절대 긍정으로 바꿔 놓자. 이뭣고는 우주의 본체에 코드Cord를 꽂아 본래 부처와 하나가 되게 하고, 주파수를 맞춰 반야지혜를 살려 쓰는 길이다. 볼륨Volume을 조절하여 모든 질병이 완치되었음을 확인하는 길, 그것이 이뭣고이다.

에필로그

❀ 나의 출가 인연

출가 인연이라고 말머리를 쓰기는 했지만, 굳이 따진다면 내게 있어 출가는 예정된 삶의 수순이 아닐까 한다. 아버님께서는 단청, 탱화, 불상 조성 등의 절일을 하시며 평생을 불모佛母로서의 삶을 사셨다. 모태母胎에서부터 부처님을 그리며 생명을 받았던 것이다. 그런 터니 부처님의 품 안 말고 내가 돌아갈 곳이 달리 있었을까.

절 생활을 처음 접한 건 초등학교 2학년 방학 때였다. 절에서 숙식을 하며 불사佛事를 하시던 아버님을 따라 방학 내내 절에서 지냈는데, 이런 생활은 대학을 졸업할 때까지 방학을 보내는 나만의 연례행사가 되었다. 절과의 인연은 사회에 진출하여 사업을 하면서도 꾸준히 이어졌다. 늘 금강경을 수지 독송을 했고, 만법귀일 일귀하처萬法歸一一歸何處를 접한 뒤로는 이를 화두로 삼아 참구했다. 하지만 그때만 해도 출가까지는 생각지도 않았다. 다만 첨단 핵심부품인 반도체를 수출하는 무역업을 30여년 동안 하면서 '장영실상'을 수상할 만큼 성과를 내면서도, 어딘가 한쪽이 늘 비어있는 듯한 허전함을 떨칠 수 없었다. 그것이 수행에 대한 욕구였음을 안 것은 도道 자 천川 자 큰스님을 뵙고 난 뒤였다.

큰스님을 처음 찾아뵈었던 1990년대는 불교가 대중적으로 확산되던 시기였다. 이에 일조한 책 가운데 하나가 최인호 작가가 1993년 출간한 길 없는 길이었다. 경허 선사의 구도 여정을 다룬 이 책은 당시 선풍적인 인기를 끌며 선수행자의 참모습을 대중들에게 널리 알렸다.

특히 경허 선사의 삼월三月로 불리는 수월·혜월·만공 선사 등 세 분 제자의 이야기가 나오는 데, 나는 수월 선사께 아주 흠뻑 빠져들고 말았다.

수월 스님은 육조혜능 스님이 일자무식의 나무꾼이었던 것처럼 무식한 머슴이었다. 그런데도 천수대비주 독송만으로 깨치시어 방광을 하셨고 완전히 무심 도인이 되어 선지禪늡를 떨친 분이었다.

스님을 흠모하여 관련 자료를 찾아보니 법손으로 유일하게 생존하여 계신 스님이 한 분 계셨다. 선사의 손상좌로 금산 대둔산 태고사에 주석하고 계시던 도천 큰스님이 바로 그분이었다. 나는 곧장 태고사로 달려갔다.

큰스님을 처음 뵙던 날이었다.

두어 차례 문답이 끝나자 큰스님께서 대뜸 물었다.

"너 뭐 하나?"

사업을 할 때이니, 당연히 "사업하고 있습니다." 하고 답했어야 될 터인데, 내 입에서는 전혀 다른 말이 나왔다.

"만법귀일 일귀하처를 하고 있습니다."

"언제부터 했는데?"

"25년쯤 되었습니다."

"공부는 잘 되고?"

"……"

"넌 그거 하지 말고, 이뭣고 해!"

"……"

"너는 전생에 내 상좌였어."

하시더니 청운靑雲이란 법명을 주셨다. 뿐만 아니라 그 자리에서 바로 출가하라는 말씀을 내렸다. 그냥 좋아서 인사를 드리러 간 건데 출가라니, 내심 당황하지 않을 수 없었다.

"스님, 아무리 그래도 제가 중소기업을 크게 하고 있는데, 어떻게 갑자기….”

"그거 다 필요 없어. 출가해!"

그날 이후 큰스님의 말씀은 내 삶의 지침이 되었다.

밝은 혜안을 갖춘 큰스님의 말씀에는 허언이 없었다. 가슴에 한 번 담긴 '출가'라는 단어는 한 순간도 머리를 떠나지 않았다. 그리고 그로부터 5년여가 지난 1998년 도천 큰스님을 은사로 출가의 길로 들어섰다.

✾ 100만배拜와 이뭣고

은사 스님의 말씀은 출가한 뒤로도 달라지지 않았다. 처음 뵙던 자리에서 이뭣고 화두를 받은 나 또한 늘 이뭣고를 가슴에 품고 살았다.

하지만 출가 수행은 그렇게 녹녹한 일상이 아니었다. 금생 성불을 꿈 꾸며 산문에 들어왔지만, 출가의 그 목표가 실현

가능한 것인지 또 그것이 수행의 올바른 길인지 답을 찾을 수가 없었다. 하루 3천배씩 100만배 기도 수행에 들어간 것도 그 때문이었다.

'재가불자의 금생성불을 위한 포교를 하자.'

기도를 시작하고 계절이 바뀌던 어느 순간, 문득 '재가불자의 금생성불'이라는 서원이 일어났다. 나만의 성불이 아닌, 부처님의 가르침을 따르는 모든 이의 성불을 위한 포교라는 서원은 내게 새로운 힘을 불러왔다.

매일 3천배를 한다는 건 어쩌면 극한의 고통으로 나[我]를 던져, 나를 버리는 일이다. 거짓 나를 죽이고 참나를 찾는 수행인 것이다. 100만배 수행은 봄, 여름이 가고 매서운 칼바람이 기승을 부리는 겨울이 되어서야 끝났다. 체중이 15kg이나 빠지도록 혹독한 채찍질을 가하면서 성만成滿한 100만배 수행이었다.

그렇게 100만배를 마칠 때쯤에서야 사대오온四大五蘊이 공空하며 무아無我라는 부처님의 가르침이 참 진리라는 깨달음이 왔다. 육도윤회하는 업業의 세계로 이끄는 잘못된 한 생각[無明]만 떨치면 생사生死가 없는 본래의 고향故鄕에 이른다는 옛 선지식들의 말씀이 그르지 않았다. 육근六根으로 인因하여 다겁생래로 익혀진 습習의 집에서 나오는 것이 진정한 출가出家이며, 그것이 곧 깨달음이었다.

"이뭣고를 해라."

"이뭣고로 포교를 해라."

은사 스님께서 왜 그렇게 이뭣고를 하라고 말씀하셨는지 알수 있었다.

번뇌煩惱로부터 해탈解脫하는 수행修行은 누구도 대신해 줄수 없는 길이며, 차후로 미뤄둘 일도 아니었다. 잠깐 머물다가는 이 욕계欲界에 태어난 이상 얼마 남지 않은 시간에 생사生死를 벗어날 수 있는 수행법은 오직 이뭣고뿐이었다.

나를 찾아가는 길 • 이뭣고

초판발행 | 2022년 7월 15일

지은이 ● 청 운 스님

발행인 ● 김 동 금

펴낸곳 ● 우리출판사

서울시 서대문구 경기대로9길 62

전화 (02) 313-5047 · 5056

팩스 (02) 393-9696

이메일 wooribooks@hanmail.net

홈페이지 wooribooks.co.kr

등록 제9-139호

ISBN 978-89-7561-345-8

값 20,000원